父母是一生的贵人
母孩子的

家长教育学经典

[苏] B.A. 苏霍姆林斯基 著

麦秋 译

中国纺织出版社有限公司

U0734197

图书在版编目（CIP）数据

父母是孩子一生的贵人：家长教育学经典 / （苏）
B.A. 苏霍姆林斯基著；麦秋译 . -- 北京：中国纺织出
版社有限公司 , 2025.9. -- ISBN 978-7-5229-3032-9

Ⅰ . G78

中国国家版本馆 CIP 数据核字第 2025RG7669 号

责任编辑：邢雅鑫　　　责任校对：李泽巾　　　责任印制：储志伟

中国纺织出版社有限公司出版发行
地址：北京市朝阳区百子湾东里 A407 号楼　邮政编码：100124
销售电话：010—67004422　传真：010—87155801
http://www.c-textilep.com
中国纺织出版社天猫旗舰店
官方微博：http://weibo.com/2119887771
鸿鹄（唐山）印务有限公司印刷　各地新华书店经销
2025 年 9 月第 1 版第 1 次印刷
开本：710×1000　1/16　印张：10
字数：150 千字　定价：48.00 元

▶ 译者序 ◀

B.A.苏霍姆林斯基（1918—1970），全名为瓦西里·亚历山德罗维奇·苏霍姆林斯基，他在世界教育史上犹如一颗璀璨的星辰。这位出生于乌克兰农民家庭的教育家，用他短暂而充实的五十二年生命，为人类教育事业留下了丰厚的遗产。从十七岁站上乡村小学讲台，到二十九岁担任帕夫雷什中学校长，再到五十二岁溘然长逝，他始终坚守在教育第一线，用整个心灵践行着"教育即生活"的信念。

这本书汇编了苏霍姆林斯基的教育遗产，收录了他在20世纪60年代发表于苏联各大报纸杂志的论文和著作。这些文章不仅体现了他对学校教育的不懈探索，更彰显了他对家庭教育的前瞻性思考。作为一位始终扎根乡村的教育实践家，苏霍姆林斯基深切体会到：教育的真谛不仅存在于课堂之中，更蕴含在家庭生活的点滴之间。

本书的独特价值在于，它打破了学校与家庭之间的藩篱。在帕夫雷什中学执教的三十余年间，苏霍姆林斯基创办了独具特色的"家长学校"，每周与家长促膝长谈，回复数以千计的家长来信。这些实践让他深刻认识到：没有家庭教育的学校教育和没有学校教育的家庭教育，都不可能完成培养人这一极其微妙而复杂的任务。在他看来，父母是孩子的第一任教师，而家庭教育则是一门需要科学方法的育人艺术。

本书最打动人心之处，在于它将深刻的教育原理融入平实的语言之中。苏霍姆林斯基以父亲般的温情口吻告诫我们：教育孩子要遵循科学，要讲究方法。他反对简单粗暴的管教方式，主张将母亲的抚爱同严格要求协调起来。书中那些源自真实教育案例的论述，既是对家长的谆谆教导，也是对教育工作者的深刻启示。当我读到"不首先教育自己的父母，就谈不上对孩子的正确教育"这样的警句时，不禁为这位教育家的远见卓识所折服。

作为译者，我在处理这部著作时，既为作者深邃的思想所震撼，也被其朴实无华的语言风格所感染。苏霍姆林斯基的文字如同第聂伯河畔的黑土，质朴却孕育着无限生机。那些关于如何培养孩子责任感、如何建立亲子信任关系的建议，至今仍闪耀着智慧的光芒。尤其令人感慨的是，尽管身处特定历史时期，他的教育思想却超越了时代的局限，展现出永恒的人道主义价值。

在翻译过程中，我力求忠实传达原著的精神内核，同时兼顾中文读者的阅读习惯。本书成书于苏联时期，部分内容涉及当时的政治与社会背景，如对共产主义理想、集体主义精神的探讨，以及对列宁教育思想的引用。这些表述反映了特定历史阶段的教育理念，也是苏霍姆林斯基教育哲学的重要组成部分。为保持作品的完整性与历史价值，本书中文版在翻译过程中对原著内容进行了保留，以尊重作者原意和时代背景。对于书中个别受时代局限的观点，我做了必要的技术处理，相信读者自会以辩证的眼光加以审视。苏霍姆林斯基曾言："人生下来是为了在自己身后留下永久的痕迹。"通过这本书，他确实在人类教育史上留下了不可磨灭的印记。

如今，在中国的家庭教育面临新挑战之际，苏霍姆林斯基的这部经典之作更显其现实意义。它不仅是一本指导家长的教育手册，更是一面映照教育本质的明镜。愿每一位捧读此书的父母和教育工作者，都能从中获得启迪，像苏霍姆林斯基那样，用整个心灵去拥抱教育这份崇高的事业。

麦秋

2025 年 6 月

▶ 序 ◀

亲爱的父母们：

　　近两年来，我收到了你们寄来的数千封信件。尽管一一回复这些信件几乎是不可能完成的任务，但我深知，对于每一位写信的父母来说，得到回复是如此重要。每当我打开那个装满父母来信的文件夹，就好像触摸到了一颗颗炽热而真挚的心。那一张张信纸，无不诉说着父母在育儿道路上所遭遇的痛苦与悲伤。就在今天，邮局又送来了九封信。我一边读着，心中一边被这些痛苦填满。不，那不只是别人的痛苦。作为教育工作者，如果我对这些信件中的诉求无动于衷，如果我不设法去帮助每一位来信的父母，那么又有谁会去帮助他们呢？

　　在这些信件中，我看到了许多母亲的担忧。一位来自新西伯利亚的母亲在信中说："我儿子正在读小学三年级。上学之前这孩子就学会了读和写，一年级时他是班上的优秀生，可是现在我发现：这孩子对学习的兴趣一天比一天淡薄，对得什么分数，是三分还是五分，他都觉得无所谓。为什么他会变成这样呢？不仅我的孩子是这样，听一些父母说，他们的孩子也是这样。我们该如何培养孩子的学习兴趣呢？怎样才能让孩子真正爱上读书，甚至达到手不释卷的程度呢？"

　　另一位来自伏尔加格勒的父亲在信中说："我们该拿这个十三岁的儿子怎么办才好呢？过去他一直是个温和、听话、安静的孩子，可是突然无缘无故地，变得粗暴无礼，就像老人们经常说的那样，'好像被人用毒眼看坏了'。他把我们的劝告当成耳旁风，还经常和我们对着干，我们该怎么办呢？如果任由孩子的坏行为发展下去，后果不堪设想啊！"

在第三封信里，我看到的已经不只是担心，更确切地说，是痛苦和绝望。这位母亲来自顿涅茨克，她在信中说："我只有一个儿子……不久前，他读九年级了。我把全部心血和精力都用在他身上了。我放弃了个人的幸福，为的是把心思放在他身上，为的是使他成为幸福的人。我全然不顾自己，为的是让他感到事事称心如意。可是命运却给了我当头一棒。有一天儿子回到家说：'我已经三天没去上学了，我不想上学了。如果你强迫我去上学，我就离家出走……'我一边哭一边劝他，可是儿子怒气冲冲地说：'我去干活、挣钱，把你在我身上花的钱都还给你，而且我再也不想和你来往了！'天啊！为什么要这样羞辱我呢？这就好像是在我心上扎了一刀。我活着不就是为了他吗……"

这些信件，虽然内容各异，但是背后隐藏着同样的悲剧：孩子们不再相信善良和人性，他们的心变得冷漠、粗暴。于是，家长们无助地呼喊："该怎么办呀？"

不仅仅是信件倾诉，还有许多母亲带着满心的忧愁从各地来找我，向我诉说着她们的迷茫："以后该怎么办呢？"我们的谈话就像那些坦率的信件一样，艰难却又坦诚。这一切都让我坚信，我们社会中的许多人，无论是已经为人父母的家长，还是即将组建家庭的年轻人，都需要学习父母教育学，都需要这样关于家庭、婚姻的道德修养以及如何养育孩子的书籍。这本书应当成为每个公民手边必备的书。人们应当在专门的家长学校里学习父母教育学，把科学培养人放在最重要的位置。

三十多年来，我每天都要同家长接触。无论是在个别谈话中，还是在家长学校的课堂上，家长提出的最尖锐的、最紧迫的问题是："怎么办？"如何教育孩子？怎样才能让父母的爱与严格的要求达到和谐统一呢？怎样才能给孩子真正的幸福呢？没有比父母的育人之道更复杂、更艰难的了。我一生都在努力探索这个问题的答案。这本书正是这些思考的结晶。哪怕它能为父母必读的书籍中增添一页，哪怕它能为父母育人之道的宝库贡献一点一滴，对我来说，就已经是无比珍贵的满足与幸福了。

目 录

第
三
章 ✦ **家庭教育的**
尺度与智慧

第
四
章 ✦ **人要在世界上留下**
自己的痕迹

第
五
章 ✦ **劳动**
与义务

第一章

▼

与父母的七次
心灵交谈

谈话之一
从小培养孩子为人父母的责任感

一位母亲带着女儿来到学校。这位母亲自从十年前离开学校后几乎没有什么变化。当年，她以优异的成绩通过了入学考试，无论是历史、文学，还是数学、化学和物理，她都能轻松应对。她是学校的骄傲。岁月流逝，如今她已为人母，带着女儿来登记入学前班。她似乎猜到了我想了解她的生活经历，于是开始向我讲述："我考上了大学，读了两年，成绩很好。但命运却另有安排。我结婚了。因为丈夫的工作需要频繁搬家，我不得不放弃学业。但我们只在一起生活了半年，就分开了。每当我和别人聊起这件事，他们要么沉默以示同情，要么用一些无关痛痒的话来安慰我。我不需要同情，也不需要安慰。我真正感到失望的是那些在我们青春岁月里教导我们的人。"

她叹了口气，沉默下来。我能感受到她内心的挣扎，这种情绪同样萦绕在我心头多年，于是我问道："你为什么感到失望？"

"他们没教我如何生活。我和丈夫分开，并不是因为对彼此失望，也不是因为所谓的'性格不合'。不，我们只是不懂得如何生活，不懂得如何当丈夫和妻子。他不懂，我也不懂。我们不懂得如何爱对方。是的，人与人之间的爱需要极大的智慧。我们根本不理解什么是丈夫和妻子之间的爱，也没有人告诉我们这一点。我们不懂得如何尊重对方，不懂得如何体贴身边的那个人，不懂得相互忍让，不善于用理智控制情感，不懂得如何珍惜生活。而这些，是多么重要啊！"

那次谈话让我深受触动。也让我在写这本书时反复思考：这本书的第一页究竟应该怎样写呢？连第一页都没有，这才糟糕呢，就好比建高楼却没有地基一样。我们总是教给孩子各种知识，却忽略了最重要的东西——如何生活。我们教他们太阳中心的物质状态、星际空间中每立方厘米的原子数、《汉谟拉比法典》的内容、引力是什么……却从未教他们如何成为丈夫和妻子、如何做父亲或母亲。无论是教育者还是父母，我们都没有意识到，每个人必须掌握的最重要的智慧，就是处理人际关系。

每个人一旦懂得思考与感受，便会自然而然地追寻幸福。虽然每个人都渴望幸福，但并非所有人都愿意深入挖掘，去发现更多幸福的源泉。其实，教会孩子从小为自己和他人创造幸福至关重要，遗憾的是，现在学校里还没有这样的课程。

假若真有老师选择"青年家庭中的夫妻关系"作为话题，与八九年级的学生展开一场教育式的交流，恐怕会被旁人视为离经叛道。然而，与年轻人探讨婚姻与家庭的真谛，其意义远胜于讨论亚述帝国的遗迹或银河系的奥秘。

你是否注意到，在高年级的课堂上，只要提到爱情、婚姻或生育时（如文学课上，这是无法回避的），青少年们的脸上就会露出微笑，开始窃窃私语……这种反应，就像一面镜子，反映出青少年对人生重大问题的轻佻态度。在我看来，理想的状态应该是：无论是在课堂上还是生活中，当谈到爱情、婚姻和生育这些关乎人生幸福的话题时，无论是孩子、青少年还是成年人，都应怀有一份敬畏与责任感，如同对待一件千年艺术珍品般庄重。

年长的这一代人，应当学会与孩子们谈论伟大而美好的事物——爱情、婚姻、生育、至死不渝的忠诚、死亡和缅怀。只有当我们能够坦然探讨和深入思考这些人生课题时，才能让孩子明白什么是真正美好的情感。如果避而不谈，最终只会让孩子们在成长的道路上饱尝泪水与伤痛。

在过去十年里，我研究了 200 对年轻夫妻离婚的原因。其中 189 对是因为年轻夫妻们不懂得如何理解彼此而离婚。步入婚姻时，年轻人对婚姻生活所蕴含的复杂而微妙的人际关系一无所知。毕竟，从来没有人向他们提起过这些，他们自然无从知晓。他们或许未曾意识到，婚姻并非短暂而甜蜜的相聚，而是日复一日、朝夕相处的生活。夫妻俩要生活在同一屋檐下，携手走过一生。这不仅需要付出巨大的努力，更需要精神上的长期投入。因此，人们需要具备深厚的修养、强大的精神准备以及足够的智慧，才能真正应对婚姻生活中的种种挑战。

无论多么令人费解，学校至今仍未开设关于父母教育的基础课程。因此，许多年轻人在面对孕育下一代时，道德准备几乎为零，就像文盲面对哲学难题一样茫然无措。生活迫切要求我们为中学高年级的青少年开设一门关于家庭、婚姻、生育和子女教育的课程，而讲授这门课的人，应当是一位精神丰富、道德高尚的教育者。我们需要用令人信服的事实，向未来的父母们揭示婚姻生活的真谛，首先是夫妻相处之道，其次是父母与孩子之间思想情感的紧密联系。这些看似简单平常，实则微妙复杂，需要用心和智慧去经营。这也对父母和教师的智慧提出了很高的要求。如果我们能向年轻人真实展现生活中这一充满哲理的层面，必将帮助他们成长为成熟稳重的人，避免他们言行中的轻浮与浅薄。

如果让我为高年级学生设计一门关于家庭、婚姻、爱情和子女教育的课程，我会将"欲望管理"放在首位。要知道，婚姻生活的幸福离不开夫妻之间的相互尊重、理解与关爱。学会控制自己的欲望，是婚姻幸福的关键。为了家庭、父母和孩子的幸福，有时需要放弃部分个人欲望，并学会控制自己的欲望。只有那些能够驾驭自己欲望的人，才能找到真正的自由。请记住这一点，并把它教给您的孩子。亲爱的父母们，智慧的做法是要教会孩子如何在婚姻中实现"年轻家庭中的欲望和谐"。在讲解时，我们可以通过具体事例分析年轻家庭中可能出现的问题，让他们明白欲望是如何产生的，哪些欲望可以满足、在什么条件下满足，哪些欲望需要克制，以及如何让个人欲望服从家庭的共同利益。毫不夸张地说，那些不懂得如何做丈夫或妻子的年轻父母，面对这些问题时，往往会像孩子一样无助、笨拙且缺乏经验。因此，我们需要像帮助孩子一样去帮助他们。这些"孩子"最大的悲剧在于，当他们自己也成为父母时，由于在道德和精神上仍不成熟，必然会给下一代带来不幸。

　　多年来，我们一直在教导年轻人如何为婚姻做好准备，告诉他们家庭幸福的关键在于提升人际关系的素养，以及如何培养自己的孩子。当然，现有的教学计划中并没有专门设置这门课，也没有安排相应的课时，因此讲授这门课并不容易。然而，无论多么困难，我们都必须克服，因为这门课的重要性不亚于数学、物理和化学，甚至可能是诸多课程中最为重要的。想想看，并不是每个人都能成为物理学家或数学家，但几乎每个人会成为丈夫或妻子，成为父母。

　　亲爱的父母们，请用心培养孩子，让他们做好当母亲或父亲的道德准备。

　　那么，什么是成为母亲或父亲的道德准备呢？从人的本质来看，最关键的莫过于培养责任感——对他人、对生命的担当意识。这种责任感应当从孩子呱呱坠地起就开始培养，让它深深扎根于心灵，唯有如此，才能培养出真正品德高尚的人。

谈话之二
谈谈父母在孩子成长中的责任

母爱和父爱是难以用言语来表达的，只有当自己真正成为父母后才能够深刻体会到。记得我们学校曾发生过这样一件令人感动的事。一对年轻夫妇，都是学校的老师，多年来一直未能生育。他们等待了十年，几乎放弃了为人父母的希望。然而，命运眷顾了他们——妻子终于怀孕了。她喜极而泣，迫不及待地在教师办公室里向女教师们分享了这个消息，随后女教师们又将这份喜悦传递给了男教师们。大家都为他们感到高兴，纷纷送上祝福。

当父亲带着妻子和新生儿回到家时，他的脸上洋溢着幸福，心中充满了喜悦。后来，他抱着孩子来到学校，想要表达些什么，却因激动而泣不成声。他努力平复情绪，缓缓说道："从听到他第一声啼哭的那一刻起，我感觉自己变成了另一个人。这个小生命，仿佛是我灵魂的一部分。他就像我的第二颗心，另一个我。"然后他又说，"如今在课堂上看到孩子们时，感受完全不同了，每个孩子的痛苦都仿佛是我自己的痛苦。"

亲爱的父母们，让我们深思这些话吧。孩子是我们生命的延续，是我们的一部分。对于创造者而言，没有什么比成为父母更高尚、更神圣的了。当您的孩子第一次呼吸，第一次睁开眼睛看这个世界时，您就肩负起了一份巨大的责任。每当您注视着孩子，您也在审视自己；每当您教育孩子时，您也在检验自己的品格。

世界上有无数种职业和工作：有人修建铁路、建造房屋，有人耕种土地，有人救死扶伤，有人缝制衣物……但有一种工作，它包罗万象，既复杂又崇高，每个人都在参与，而每个家庭的方式又各不相同，那就是养育孩子。

这项工作的独特之处在于，它能带来无与伦比的幸福。父母在养育下一代的同时，也在孩子身上看到自己的影子。这种再现的程度，完全取决于父母对孩子的道德责任感。教育的每一个瞬间，都是为了未来、为了创造未来而努力的。

这种教育中，社会教育与个人教育相互交融，密不可分。在我看来，正是这种公私教育的完美结合，奏响了人类幸福的乐章。

如果您希望在这世上留下痕迹，不必非要成为名垂青史的作家、科学家，或是探索宇宙奥秘的工程师，抑或是发现新元素的化学家……您可以通过培养一个优秀的孩子来实现这一愿望——让他成为一个有责任感的公民、勤奋的劳动者、孝顺的子女、慈爱的父母等。这样，您便能在社会中赢得尊重与认可。

养育孩子，需要您倾注全部的心血与智慧。这不仅需要生活的智慧，还需要技巧，甚至可以说这就是一门艺术。孩子不仅仅是幸福的源泉，他们本身就是您通过辛勤劳动创造出的幸福结晶。无论您是一个紧张等待与爱人相会的年轻人，还是一个在摇篮旁轻声哼唱古老旋律的年轻父亲，抑或是一个满头白发、历经家庭生活酸甜苦辣的爷爷奶奶，都请铭记这一点：为人父母的幸福并非上天赐予，它不会在你们成为夫妻的那一刻就自动降临。真正的幸福，是通过艰辛与努力换来的。

养育孩子的复杂性在于，它需要将理智与情感、智慧与爱融为一体，既要享受当下的美好，又要为未来担忧。如果缺乏作为父母的这种智慧，幸福便会如泡影般消散。

我想起了一个令人痛心的故事。

在我们社区里，住着一位心地善良、备受尊敬的劳动者——伊万·菲利波维奇，他是一名联合收割机操作员。他因无私的奉献而获得了勋章，他的照片经常出现在报纸上，甚至路边的宣传牌上也挂着他的大幅照片，旁边写着："我们学习的榜样"。

伊万·菲利波维奇有一个独生子，也叫伊万。父母对他宠爱有加，但这种爱缺乏理性。他们满足小伊万的每一个任性要求，无论他想要什么，他们都会满足（直到十四岁，他们还称他为"宝宝"）。这让小伊万觉得自己生活在父亲的荣耀之下，生活在一个无忧无虑的世界中，无须经历任何困难。他长大后成了一个游手好闲的人。在他看来，得到一切都轻而易举。然而，童年时期对孩子有求必应，反而会让他们在成年后更难理解：真正的幸福需要付出与等待。亲爱的父母们，请你们深思这条教育规律！

老师经常邀请伊万·菲利波维奇来学校聊聊，但他总是以各种理由推脱，不是去参加农庄的会议，就是去区里分享经验，或者去邻近的农庄检查工作。直到有一天，小伊万惹了麻烦，他把同班的一个女生打伤了，到了不得不就医的地步。学校派人去找伊万·菲利波维奇，说他的儿子出事了。

"出什么事了？"父亲焦急地问。

来人说明了情况后，这位父亲松了一口气，说："哦，我还以为是什么大事呢……现在我没时间去学校，我得去参加一个先进工作者会议。"

傍晚，伊万·菲利波维奇被叫到学校。听老师讲述完事情的经过，他一句话也没说，回到家就把儿子狠狠打了一顿，边打边说："我打你，就是为了不让学校再来找我。"然而，第二天，小伊万跑到田里，抓了两把泥巴，把宣传牌照片上父亲的眼睛糊住。直到这时，伊万·菲利波维奇才意识到，教育孩子是一项需要理智和耐心的细致工作……虽然他明白了，但为时已晚。

亲爱的父母们，让我们深思这个真实的故事吧。

不久前，我收到一封来自乌拉尔的信，写信的是一位勤劳的工人。他在信中写道："我获得了奖章，大家都来祝贺，家里充满了欢声笑语。然而，我的儿子，一个十二岁的五年级学生，却用离家出走来'庆祝'我的荣誉……这几天，我感到无比痛苦。我反复思索自己的行为和生活方式，最终明白了一个事实——错不在儿子，而在我自己，我不了解他。我唯一的功劳，似乎只是把他带到这个世界上……却从未给他的童年带来快乐。每当他在学校犯错，我总是用打骂来解决问题，结果儿子对我充满了怨恨。现在，我陷入了深深的迷茫——如果失去了最重要的东西，那些勋章、荣誉和同事的尊重，对我来说还有什么意义呢……"

请您细细品味这些发自肺腑的文字吧！无论您身处何种岗位，肩负着多么重要、复杂或富有创造性的工作，请别忘了，家中还有一项更为重要、更为复杂、更为细致的工作在等待着您——那就是教育孩子。这不仅对您来说是最核心、最必须、最紧迫的任务，也是我们社会所倡导的伟大准则——人是世间一切财富中最为珍贵的。亲爱的父母们，我们每个人都应明白，一个缺乏教养、道德上无知且不学无术的人，就像一名飞行员驾驶着一架发动机损坏的飞机，不仅自己会坠毁，还会给他人带来灾难。

如果老师邀请您去学校，请务必前往；麻烦与单位协商请假，他们一定会理解并给予支持。据我所知，已有十多个集体农庄实行了一种制度：如果家庭在教育孩子方面出现问题，父亲可以请假两周。毕竟，道德上的无知和不学无术给社会带来的危害，远比父亲请两周假（尽管没有工资）的损失要大得多。

曾有一次，我向一位集体农庄主席提出了疑问："这样的做法会不会对经济造成更大的损失？"集体农庄主席回答说："直接的经济损失并不大，仅仅是那位父亲在休假期间不领取工资而已。至于间接损失，整个集体农庄一年大约需要承担一百卢布。然而，与一个人可能给社会带来的损失相比，这一百卢布的损失显得微不足道。"

谈话之三
爱与责任——成为父亲前的心灵修炼

我看到莫斯科每个月都有上千人步入婚姻的殿堂，这真是令人欣喜！然而，我想对每一位即将步入婚姻的小伙子说："请先问问自己，你是否已经做好教育下一代的准备？"

"如果还没有准备好，难道就不能结婚了吗？"那位年轻人，也就是未来的父亲，或许会这样问。

不，并非如此。在人生这个处处微妙的领域，没有绝对的答案。在人的一生中，自我教育起着至关重要的作用。只有那些善于自我教育的人，才能真正被称为有教养的人。

我们需要审视自己的精神世界，洞察自己的内心。小伙子，从你萌生结婚念头的那一刻起，这一点就非常重要。在婚姻中同妻子相处和教育子女，就像一朵花上的两片花瓣。请记住，年轻人，未来的父亲，你的妻子可能很快就要进入产房。要记住，作为父亲的喜悦，可以与园丁的喜悦相媲美。园丁日复一日地保护小树免受严寒酷暑的侵袭，常常夜不能寐地进行照料，最终看到自己的劳动成果，这才是他最大的快乐。

养育孩子需要一种特殊的力量，一种精神力量。我们需要用爱，用丈夫对妻子的爱和妻子对丈夫的爱去创造生命，用人格之美和人性之美去塑造人。优秀的孩子往往是在父母彼此真诚相爱，同时也爱他人、尊重他人的家庭中长大。从这样的孩子身上，我一眼就能看出，他的父母深情地、真挚地、美好地、忠诚地相爱着。这种家庭的孩子，往往内心平和、身心健康，相信世界的美好；他们听从老师的教导，对那些细微的、能够触动心灵的事物能敏锐地感知。

年轻人，是时候审视自己的内心了：你是否真正懂得爱他人，是否愿意为他人倾注你的精神力量？若答案是否定的，那么本书中的一切理论都将成为空洞的说辞。请铭记，若你想成为一位称职的父亲，首要之事便是全心全意地爱你的妻子；真正的爱意味着付出，意味着投入精神力量，将她视为你生命中不可或缺的一部分。一位优秀的丈夫，正是通过爱来构筑家庭的幸福。这种爱，如同阳光洒在玫瑰花瓣上，温暖而灿烂；这种爱，终将转化为孩子内心的道德之美。

爱你的妻子，意味着你要尊重她、呵护她、敬仰她，谈论"爱"时无须感到羞涩。你要从心底坚信，她是这世上最美好的女子，因为她是你的妻子，是你孩子的母亲。

尊敬的父亲，或许你会觉得这些话有些奇怪，或许你会疑惑，这与教育孩子有何关联？实际上，它们之间息息相关。因为夫妻之间的爱、忠诚与互助，正是滋养父母智慧之树的根脉。

作为未来的父亲，你有必要审视自己，看看你的精神力量是否足以承担这份并不轻松的责任——用一生的时间去爱你的妻子。

如何检验？如何去爱？这里潜藏着一个危险的东西，那就是心灵的懒惰。仔细审视你的内心，那里是否埋藏着这种不幸的"种子"。如果有，务必尽快将其抛弃，切勿让它生根发芽。心灵的懒惰，表现为对人的冷漠。当你走在繁华的街道上，穿梭于人群之中，或许会看到某些人眼中流露出的恐惧与绝望。然而，当你的目光从他们身上掠过时，却未曾感受到一丝不安或触动，你甚至未曾意识到，眼前的那个人正深陷痛苦，或许他的整个世界正在崩塌。要知道，每个人的心灵都是一个独特的世界。如果你对这个世界的痛苦毫无感知，那么你很可能已经患上了心灵懒惰的"病症"。

　　要战胜这种疾病，你需要关注周围的一切，学会洞察他人，感受他人的情感。记住，在你所处的世界中，最重要的便是人。人本身具有复杂性和多面性，既有欢乐，也有痛苦。如果你不在这种病症的萌芽期就将其根除，那么你将无法真正理解和感受你的妻子，无法帮助她展现内在的美好与高尚品质，自然也无法正确地教育你的孩子。

谈话之四
在孩子心中树立崇高形象

家庭，作为社会的基本单元，维系着经济、道德、精神和审美等多方面的人际关系。

让我们从一个家庭的真实故事说起。

尼古拉·彼得罗维奇，一位年轻的农艺师，与妻子玛丽亚共同建立了一个温馨的小家庭。他们的石房子坐落在葡萄园与养蜂场之间，仿佛一片宁静的世外桃源。然而，这份表面的宁静却掩盖不了家庭内部的压抑与痛苦。

随着时间的推移，尼古拉对财富的渴望愈发强烈。为了防止有人偷摘园中的花果，他在宅院四周砌起了一道高高的围墙，并且从初春到深秋，他都选择在园子里过夜，守护着这片土地。园子里收获的果实，他全部运到市场上出售。尽管妻子玛丽亚多次恳求他留下一些果实给家人享用，但他始终无动于衷。他在房子附近建造了一个坚固的石砌地窖，用于储存果实，并为果园安装了先进的电气喷灌系统，以提高产量。他还引入了新的西红柿品种进行种植，目的依旧是拿到市场上售卖。不仅如此，他还在园子里搭建了一个温室，里面不仅种植了早熟的西红柿，还培育了许多花卉，同样是为了出售。

他们有一个独生女叫奥克萨娜。尼古拉从不允许女儿邀请同学来家里做客。奥克萨娜中学毕业后，进入制油厂工作，并结识了一位年轻的机械师。一次，她偷偷带着男友进入温室，采摘了几朵鲜花。然而，这一幕被父亲撞见，尼古拉勃然大怒，一把夺过鲜花。

"我再也不愿回到这个令人窒息的家了！"奥克萨娜愤然说道，"你作为父亲，用冷漠和自私扼杀了我的自由与尊严，用金钱和规则束缚了我的成长，让我失去了童年的快乐。你的心，早已被利益蒙蔽，变得冷漠而无情。"

奥克萨娜愤然离家，几年后，妻子玛丽亚也离开丈夫，投奔女儿。最终，尼古拉·彼得罗维奇独自一人守着他的"宝贝"。

这个故事告诉我们，如果幸福建立在贪婪与冷漠之上，它终将化为泡影，甚至成为毒害心灵的枷锁。

财富，唯有在为他人带来福祉时，才真正称得上是财富。亲爱的父母们，在你们精心构筑家庭的温暖港湾时，请铭记：我们社会的至高准则永远是"一切为了人，一切为了人的幸福"。这并非遥不可及的抽象理念，而是一种深刻而永恒的真理——命运让我们与父母、亲人紧密相连，共同维系人类的延续与繁荣。

有一天，一位父亲满脸愁容地找到我，倾诉他的烦恼："我真不知道该怎么管教我那上五年级的儿子了。他现在变得越来越不听话，学会了撒谎，还总是逃避该做的事情。就在前几天，他明明没有生病，却谎称身体不适，逃避少先队的义务植树活动，跑去踢足球了。"这位父亲最感到痛心的是，他的儿子似乎只关心自己，变得冷漠无情，行为举止也让人难以捉摸。

我静静地听完他的诉说，随后直截了当地问道："请允许我直言，您作为父亲，真的尽到了父亲的责任吗？"他愣了一下，勉强答道："我觉得……还可以吧。"我接着说道："那为什么您的母亲住在一间狭小破旧的房间里？为什么您让她与家人分开，甚至不让她与您、与孩子们同桌吃饭？您母亲的房间只有一扇小小的窗户，而且已经破损不堪，难道您从未注意到吗？您如此对待您的母亲，又怎能期望您的儿子学会关心集体、关心他人？您又如何能要求他满怀热情地履行少先队员的义务，去关注祖国的利益？请记住，对祖国的热爱，往往源于那些细微而深刻的家庭情感。在您儿子的生活中，也许会有那么一刻，他会为祖母摘下一颗果园里的苹果，或采一束玫瑰花，或为她端上一杯水，或是轻轻扶正她的枕头。"

如果您希望提升在孩子心中的地位，就必须让他看到，您人生中最崇高的目标，是为他人播种幸福的种子。

一位刚刚毕业的年轻教师来到村里。某天，他前往畜牧场授课，遇见了一位蓝眼睛、扎着淡褐色辫子的美丽姑娘。姑娘向他倾诉了自己的故事：她的父亲在前线英勇牺牲，母亲身患重病，生活的重担迫使她不得不在小学五年级时辍学，来到畜牧场工作。

青年教师被这位女子的坚忍与美丽所打动，向她表达了爱意，并恳请她嫁给自己。然而，女子却坚决地拒绝了他，她说："您是大学生，而我……"但这并未让青年教师退缩，反而更加坚定地追求她，并亲自指导她学习。经过三年的不懈努力，在无数个漫长的冬夜里，他们共同研习，女子凭借着自己的聪慧与毅力，最终通过了中学毕业考试，并顺利进入了医学院深造。直到那时，她才接受了教师的求婚。

女子在完成医学院的学业后，成了一名医生，与青年教师共同组建了一个幸福美满的家庭，他们共同抚育着五个孩子。这些孩子个个出类拔萃，他们待人热情友善，对父母体贴入微，心地善良且听话，总是关心着他人，且热爱劳动。当人们与这对幸福夫妻的孩子们相处时，会发现他们总是自觉地去做那些不让父母痛苦、忧愁和伤心的事情，他们想方设法地为父母带来欢乐与幸福。这一切都源于父母之间深厚的爱、忠诚与体贴入微的关怀。

因此，作为父母，应当以自身的互敬互爱为榜样，去教育并影响自己的子女。这一点，您应当永远铭记于心。

谈话之五
用家的温暖滋养孩子心中的理想和信念

在孩子眼中，世界如同一幅五彩斑斓的画卷。屋内洒落的阳光、《伊万西克—捷列西克》的奇幻童话、色彩斑斓的蝴蝶、远方地平线上的森林、天空中飘荡的白云……这一切都让他们感到好奇和兴奋。然而，在孩子面前展现的不仅仅是自然的世界，还有一个更为重要的世界，那就是人的世界。孩子对人的最初认识，来自母亲温柔的微笑、悠扬的摇篮曲、慈爱的眼神和那双温暖的手。如果这个世界始终能以母亲般的温柔和善良映照在孩子的心灵中，如果孩子在成长的道路上所遇到的一切，都能像母亲的爱一样温暖，那么这个世界就不会有痛苦、犯罪和悲剧了，社会也将不再有滋生这些不好事物的土壤。

孩子对人性的最初认识，正是从母亲如何对待他、父亲如何对待母亲中建立的。他们对善与恶的最初印象，正是在这个过程中形成的。

在一个幸福的家庭中，母亲和父亲必须和睦相处。他们以关爱的态度对待彼此的言语、思想、情感，甚至那些细微的情绪变化。父母之间相互支持、相互包容，彼此信任、彼此尊重，这种家庭氛围会让孩子感受到人性的美好，为他们的心灵带来宁静与平和。只有在这种环境中成长，孩子才会在未来坚定地抵制社会中的不道德现象。一旦这种信念被破坏，痛苦和不幸就会侵入孩子的心灵。对于家庭、学校和社会而言，没有什么比孩子因失去信念而变得痛苦和不幸更可怕的事情了。

在此，我们不禁想起尼古拉·普罗霍连科的沉痛往事。每当听到"苦命童年"这个词，他的身影就会浮现在我的眼前。他用充满痛苦与哀求的眼神望着已经抛弃家庭的父亲，问道："爸爸，您什么时候回来？我多么希望您能回到我身边……"在九岁之前，尼古拉曾拥有一个幸福的家庭。父亲常常帮助母亲料理家务，傍晚时分还会陪他画画，描绘鸟儿、野兽和一些奇怪的生物……父亲是一名司机，每到夏天，他都会带着儿子去附近旅行，这些时光曾给尼古拉带来无尽的欢乐。

然而，突然之间，一切都变了。父母变得像陌生人一样，即使一起在餐桌上吃饭也低着头，彼此不再交流。更糟糕的是，父亲后来彻底离开了家。母亲无奈地对他说："现在，你爸爸不会回来了，只有我们俩相依为命了。"这句话对孩子来说，犹如晴天霹雳。

在学校里，教育这样的孩子异常艰难。他们不仅需要教师的引导，还需要心理医生的帮助，甚至需要资助者的关怀。对于那些失去崇高理想和坚定信念的孩子，我们必须付出巨大的努力，才能让他们重新相信人性的美好与善良。

尼古拉·普罗霍连科的故事并非个例。那些无法或不愿追求人格美的父母，播下的往往是不幸的种子，而最终收获的也将是苦涩的恶果。

还有一种情况，有些孩子并未像尼古拉那样，失去善良的信念，但他们却变得叛逆，正如一些父亲抱怨的那样："无论说什么，他们都听不进去。"遇到这种情况，亲爱的父母们需要反思一下自己：你们的关系是否出现了裂痕？这些裂痕起初可能微不足道，甚至难以察觉。家庭生活的道路从来不会一帆风顺，在精神、心理和道德层面，总会遇到一些困难和挑战。比如，朝夕相处的两个人可能会逐渐忽视彼此，变得冷漠无情；他们的言语中可能充满隐晦的指责和不满；在日常生活中，他们可能会在精神上互相排斥，甚至对彼此感到厌倦。

要避免这些问题的出现，父母必须善于创造家庭生活中最宝贵的财富——互敬互爱。这种氛围不仅能让家庭充满温暖，还能为孩子提供最理想的成长环境。

谈话之六
父母相爱是对孩子最好的教育

您应学会珍惜、尊重、歌颂并增进人与人之间的爱。爱，是人类精神中最细腻而又最任性，最温柔而又最强大，最脆弱而又最坚韧的财富，也是人类精神中最智慧且最高尚的瑰宝。

关于这种财富，无数诗篇曾为之歌颂。亲爱的父亲和母亲，今天，我想与你们探讨一个鲜少被提及的爱的层面——"爱"对孩子的教育意义。

在我的记忆深处，有一颗永不熄灭的星星，那便是尼古拉·菲利波维奇的故事。他是一位善良的医生，在第聂伯河畔的一个大村庄里行医四十二年。他的妻子玛丽娅为他生下了六个孩子——三个儿子和三个女儿。每当尼古拉完成一台复杂的手术，拖着疲惫的身体回到家时，玛丽娅总会温柔地说："就在这葡萄架下歇息片刻吧，世间再没有比你的工作更辛苦的了……"而他总是微笑着回答："不，世界上最辛苦的工作是母亲的工作。它最繁重、最劳累，却也最光荣。我是在为病痛中的人们带来慰藉，而你，是在为人类孕育幸福，是在塑造生命。"

　　每当我回想起尼古拉·菲利波维奇，他那超凡的精神财富——爱，便深深触动我。夏日的清晨，当玛丽娅和孩子们还在睡梦中时，尼古拉会轻手轻脚地起床，生怕吵醒他们。他走进花园，剪下一朵玫瑰，轻轻插进妻子床头的小木花瓶里。这个花瓶是他在婚后第一年亲手雕刻的，花了几个月的时间才完成，形状宛如一片槭树叶。玛丽娅半梦半醒间，听到丈夫轻手轻脚走近的声音。玫瑰的芬芳弥漫在空气中，她再也无法入睡，闭着眼睛，幸福地躺了半小时。

　　这样的清晨，日复一日，持续了数十年。尼古拉·菲利波维奇特意为妻子建造了一个小温室，无论是寒冬的黎明、恶劣天气的深秋，还是早春，他都会从温室里摘下一朵娇嫩的花，轻轻放在她的床头。孩子们渐渐长大，也开始效仿父亲的模样，每天早早起床，为母亲的花瓶里添上几朵鲜花。于是，花瓶里的花朵从两朵变成三朵，接着是四朵、五朵、六朵、七朵……

　　尼古拉去世后，孩子们奔赴各地工作，但母亲玛丽娅仍留在那个村庄。无论孩子们身在何处，母亲生日那天，他们总会回到她身边，为她送上七朵玫瑰——六朵来自孩子们，另一朵象征着父亲的爱。玛丽娅没有住进任何一个孩子的家，因为她深知，偏爱任何一个孩子，便会伤害其他孩子的心。

　　我每每谈及教育时，总会想起这个故事。人类之爱，蕴含着巨大的教育力量。那些能够用自己的人生为人类增添宝贵财富的人，他们在教育自己的同时，也在无形中教育了他们的孩子。正如列夫·托尔斯泰所言："教育的本质是自我教育，而自我教育正是影响子女的最有力的手段。"

　　亲爱的父亲和母亲，以及即将步入婚姻殿堂的年轻人，我们今天之所以谈论爱情，正是因为谈论爱情就是在谈论神圣的教育。关于人与人之间的爱，这一点值得我们反复强调。爱不仅仅是一种幸福，也是一种纯粹的欢乐和愉悦的源泉；它在给予人们无尽的快乐与满足的同时，也带来了人生中最艰难、最复杂，同时也是最重要的责任——对婚姻持久的责任。

伏尔泰曾说过："结婚或缔造婚姻关系，或许是最大的幸福，或许是最大的灾难。"如果婚姻幸福，那它便是人间天堂。如果您明白，婚姻是公民的责任，是心灵与肉体、理智与理想的交织，那么婚姻便能成为您人生中幸福的存在。与此同时，您也需要在这片沃土上不懈地耕耘，我们所付出的努力，正是"人与人之间的爱"。

这种"劳动"的深意，在于它蕴含着教育孩子的智慧。人与人之间的爱，绝不仅仅是本能的吸引或原始的欲望（尽管爱情确实以两性的相互吸引为基础），也绝不是一时冲动的产物。如果婚姻仅仅建立在本能与欲望之上，那么双方的爱很快便会消磨殆尽，因为这不是真正的人间之爱。真正的爱，是心灵与肉体、理智与理想、幸福与责任的完美融合。

如果用一条主线将这一切串联起来，那便是劳动，不懈的劳动。这种孜孜不倦的劳动，能够为您——无论是父亲还是母亲——创造人类最珍贵的精神财富。

有一对热恋中的青年男女，有人建议他们要深入了解彼此，了解得越深越好。然而，他们却自信满满地说："不，我们相信爱是永恒的。"他们很快步入婚姻的殿堂，几个月后，妻子怀孕了，而年轻的丈夫却对妻子已无爱意，于是又多了一对离婚者。这对社会来说是一个悲剧，对那个尚未出生的孩子来说，更将是一生的伤痛。为什么会这样？如何才能避免这样的悲剧？我们又该如何教育年轻人？

答案在于，我们不能仅仅教育别人，首先要自我教育，这一点非常关键。许多年轻夫妻误将欲望的满足当作爱情，却忽略了婚姻中真正不可或缺的东西——那便是不懈的付出。这种付出的本质，是将自己的精神力量奉献给对方，让对方在精神上变得更加富足、更加幸福。而这种付出，本身就是一种幸福。如果年轻夫妻能够通过相互付出创造幸福，他们在日常生活中拥有这种最细腻却又最坚韧的人类财富，那么他们的爱便会持久，而不会轻易被外界的诱惑所动摇。在谈论爱情与婚姻时，我们不能简单地将一个人与另一个人进行比较，认为谁更好或谁更差，因为每个人都是独一无二的。随着一个新生命的诞生，一个新的世界也随之诞生。当母亲在养育孩子时，她作为妻子和母亲的角色，会展现出一种独特而多变的美。这种美是我们共同用不懈的努力和付出创造的。

乌克兰有一句古老的谚语说得好："有一个好丈夫，就有一个好妻子。你的妻子就像一面镜子，透过她，你便能看到自己的模样。"

爱，是人类精神世界中最坚韧却又最脆弱的财富。对孩子来说，爱如同迷人的音乐，令他们沉醉其中。爱，能够轻轻触动孩子内心深处最敏感的那根弦，让他们对温暖的话语、美好的憧憬、温柔的抚摸和真挚的热情变得格外敏锐。那些在童年时被父母的爱所包围的孩子，长大后会懂得如何为他人创造幸福。他们对父母的言语、期望、教诲、赠言、忠告乃至誓言，都会有一种特殊的感悟力和理解力。

在尼古拉·菲利波维奇的家中，有一条不成文的家规：午饭后，所有孩子都要帮忙收拾桌子、清洗餐具。这些孩子年龄相仿，最大的不过九岁。有一次，全家人在院子里的梨树下用餐，六岁的小女儿忘记了自己应该收拾餐具。她的母亲无奈地摇了摇头，责备了她几句，然后默默地替她完成了任务。小女孩见状，哭了起来，内心充满了深深的自责……

因此，怎样才能在自我教育的同时教育孩子呢？

如果我们在爱的众多同义词中选择一个最能表达其本质的词，那便是责任。

爱的教育力量，源于一个人对另一个人的责任感。爱，是用心去捕捉他人精神世界中那些最细微的需求。这种感知能力，以及父母传递给孩子的诸多品质，并非通过言语来教导，而是通过父母的以身作则来实现的。

尼古拉·菲利波维奇从未要求孩子们像他一样早起，为母亲送上所谓的"晨花"。他也没有刻意让孩子们看到他如何走进花园或温室采摘鲜花。孩子们在睡梦中仿佛感受到了父亲的行为，学会了如何表达情感，并体会到这些行为对母亲的意义。他们逐渐领悟到，人类最伟大的追求，就是追求幸福。于是，他们主动去创造幸福，为母亲带来欢乐。

清晨的一朵花，对母亲而言，便是美的极致，更是人类精神财富的象征。它是尼古拉·菲利波维奇一家通过不懈劳动创造的成果。然而，通往这一美好境界的道路是崎岖而艰难的。养育六个孩子，母亲需要付出巨大的体力和精力。孩子们在成长的每一步中，都能看到，并用心感受到父亲对母亲辛苦工作的态度。当孩子们能够用理智和心灵去理解时，他们不仅关心父亲承担了多少责任，更关注父亲是否体贴与关怀，是否理解母亲的不易。

列夫·托尔斯泰在探讨榜样的力量时曾说："培养'帮助母亲'的能力，本身就是一种自我教育，同时也是最优秀、最具影响力的榜样示范。"

当一位年轻的父亲在孩子面前不断展现这种能力，用自己的关心回报妻子的辛劳与付出时，家庭便成为孩子情感和道德教育的学校。没有人刻意教导孩子不要冷漠待人，但他们却自然地变得敏锐、热情、善良和细心。这些正是父亲自我教育的成果。

马克思认为，只有爱情持续存在的婚姻才是合乎道德的。爱，不仅是无价的精神财富，也是一种永恒变化的财富。它不像钻石，几十年如一日地闪耀；它更像一块宝石，其色泽每年甚至每月都在变化。最令人惊叹的是，拥有这块宝石的人，正是其色泽变化的主宰者。

您需要成为一位魔法师，用魔法般的艺术让爱情的宝石永远闪耀。爱情的教育力量源于这种艺术，尤其是在心灵与肉体、理智与理想、幸福与责任紧密结合的牢固婚姻中，其教育意义就更加突出。

如果夫妻之间的爱仅停留在情欲层面，而缺乏更深层次的支撑，那么蜜月的甜蜜很快就会消逝，爱情的宝石也会化为煤炭。您的家庭将不再是温暖的避风港，而是充满痛苦的深渊；对孩子而言，这将是一场灾难，他会变得冷漠无情，失去对他人和世界的信任。

在一段高尚的婚姻中，最初的激情会成为一生中最珍贵的回忆，并且会在夫妻共同创造幸福、教育子女的过程中不断闪耀。在这样的婚姻里，每一步都能体现人与人之间的高尚情操，尤其是丈夫对妻子的尊重和爱护。这种对妻子、对母亲的高尚情操，其实反映的是对生命和生活本身的态度，因为女人、妻子、母亲是生命的创造者。如果这种观念贯穿整个家庭生活，孩子就会以父母（尤其是父亲）为榜样，学会珍惜生命，懂得生命是无可比拟的宝贵财富。

要学会珍惜生命，因为它是我们道德情感的根基。只有珍惜生命，才能让那些被我们关爱的人像枝叶一样茁壮成长。我曾认识一个温馨的家庭，丈夫是拖拉机工作队的计工员，妻子是挤奶员。妻子的工作并不轻松，每周有好几天必须在早餐前赶到挤奶场工作。为了准备早餐，她必须凌晨四点起床。丈夫为了不让妻子起这么早，便主动承担起凌晨四点起床做早餐和午餐的任务，还会送妻子去上班，再送孩子们上学。下午四点，丈夫下班回家时，孩子们已在家，妻子还没回来，丈夫便与孩子们一起准备晚餐。父亲和孩子们都怀着同样的心思：母亲不容易，今天她一定很累，我们要做好晚餐，让她下班回家后能好好休息。

母亲日复一日地付出体力和精力，为家人带来欢乐，她也因此成为孩子们眼中最可爱的人。对人们而言，只有那些愿意奉献自己精神力量的人，才会真正赢得他人的喜爱。如果您是一位母亲，渴望成为子女最爱的人，那么您要让孩子从内心出发，用高尚的情怀为您创造快乐和幸福。

对孩子来说，对女性——这世间最美丽的存在——的认识，往往是从生活中那些细微的、不经意的琐事中慢慢体验到的。在母亲忙碌劳累的工作日里，父亲和孩子们一起准备晚餐，在洗脸盆旁为母亲挂上一条干净的毛巾。母亲是最辛勤的劳动者，而那条干净的毛巾，不仅是对她劳动的尊重，更是对生命之源、对人类之美的尊重。

这便是爱的教育，是父母以身作则、用行动为孩子树立榜样的过程。只有当父亲先自我教育，孩子才能从中汲取成长的力量。没有父亲这一榜样，所有关于儿童自我教育的谈话都将沦为纸上谈兵。没有父母的相互关爱与尊重，在他们生活中散发温暖的光芒，孩子的自我教育将无从谈起。

孩子想成为一个好人，前提是他们能看到美好的东西，并被那些美好的东西所吸引。在极其细微的教育氛围中，道德观念只有在高尚情感的滋养下才能生根发芽。而孩子们的感情，大多是由父母的情感激发出来的。

下面的内容是在毕业典礼前夕，我与我的学生瓦利娅·科布扎莉的一段谈话，她向我讲述了她童年时代最为深刻的一段记忆：

> 在我七岁那年，妈妈患了重病。父亲常常整夜守在病榻旁。那段往事至今仍历历在目。有一天黎明时分，我醒来，发现母亲呼吸急促，父亲俯身凝视着她的脸。他的眼神中流露出深切的痛楚与坚定的爱意。那一刻，他在我面前流露出的痛苦与爱，正是人性中鲜为人知的一面——忠诚。似乎就是从那天早晨起，我对父亲的爱愈发深厚。

十年过去了，父母依然恩爱如初。在这个世界上，他们是我最亲爱的人。我对父亲有一种特殊的情感，始终听从他的话，从不说谎。每当我注视他的眼睛时，总能感受到那份伟大爱意的光芒。

亲爱的父母们，请认真思考这些问题：我们究竟要在孩子心中播下怎样的种子？我们的言行举止、情感态度会给孩子留下怎样的印记？在孩子成长的记忆中，我们将以怎样的形象存在？在他们心中，我们又占据着怎样的位置？

有一种无可替代的精神力量，它能超越一切——那就是用我们真实而美好的形象，在孩子心灵深处刻下永恒的印记。这种力量就是人类最珍贵的精神财富——爱的力量。我们要用整个生命去创造这种财富，唯有心中充满爱的父母，才能真正懂得如何培育孩子。

谈话之七
父母的言行是孩子成长的教科书

乌克兰诗人科特利亚列夫斯基曾用诗意的语言描绘了他心中理想的幸福家庭："家庭是一片宁静的港湾，人在那里享受安宁与幸福。"每当我思考"家"这一复杂而多维的概念时，脑海中总会浮现出阿列克谢·马特耶维奇一家的故事。阿列克谢是我们当地一位备受尊敬的集体农庄庄员，他和妻子玛丽亚·米哈伊洛夫娜都曾在我校读过书，如今他们的三个孩子也在我校学习。

这个家庭最令人感动的地方，是父母之间、父母与子女之间那种亲密无间、真诚坦率的关系。这种关系正是每一位想要探索家庭教育奥秘的人所应关注的。家庭教育的核心，在于营造一种人与人之间真诚关爱的氛围。

每当女儿玛丽卡放学回家，母亲玛丽亚总能从她的眼神中察觉到，她在学校是否遇到了不顺心的事。"玛丽卡，你在学校遇到什么烦心事了吗？"母亲关切地问。

玛丽卡回答："今天学校进行了代数测验，题目很难，我可能在计算上出了错……"

这时，奶奶正坐在窗边，神情忧郁，一言不发。孩子们一个个走到奶奶身边，关切地问："奶奶，您是不是不舒服？我能为您做点什么吗？"

在阿列克谢家，孩子们放学后通常会稍作休息，然后开始做家庭作业。每个人都独立完成自己的任务，这是家中最重要的准则之一。

阿列克谢家有两个孩子正在上学。一次家长会上，老师和家长们共同探讨了如何培养孩子的几个重要品质：如何让孩子拥有丰富细腻的情感世界，如何树立高尚的荣誉感，以及如何培养独立自主的做事能力。

班主任诚恳地对玛丽亚说："玛丽亚，大家都希望能听听您的育儿经验。您是怎么培养孩子的？尤其是那些宝贵的品质，您是如何引导孩子养成的？这对很多家长来说，就像要在广阔天空中抓住一只飞鸟那样困难。"

玛丽亚微笑着回答："说实话，我和丈夫并没有太多时间管教孩子。我们每天都要工作，丈夫在畜牧场忙碌，而我每到夏天都要去田里和菜园里干活，冬天还要和丈夫一起去畜牧场工作。孩子们大部分时间都和奶奶在一起。我们家有一条准则：只要孩子能自立，就要学会干活，不仅为自己，也要为他人，并且要用关爱的眼光看待他人。这是一条不可违背的原则。"

"我们真的没有时间去刻意教育孩子。或许那些有更多时间陪伴孩子、严格教育孩子的家长更适合分享经验。我经常听到其他家长谈论这些……"

听到这里，我们教师和家长们终于明白：玛丽亚所说的"没有教育"，恰恰是真正的教育。

那么，她所说的"不可违背的原则"到底是什么呢？

那就是人与人之间深深蕴含的高尚品德与心灵之美。

我们一直在思考阿列克谢家庭中那种让家人紧密相连的精神力量，其实这种力量在很多其他家庭中也能看到。这让我们明白了一个不可动摇的真理：人与人之间的相互关爱和相互尊重，是一种无比强大的教育力量，也是最珍贵的道德财富。在阿列克谢家（还有很多其他优秀家庭也一样），整个家庭都充满了对人的尊重和对责任的重视。

这种强大精神力量的培养，关键在于引导孩子学会用父母的眼光看待世界。他们要向父亲学习，像他一样尊重母亲、奶奶和他人。在家庭中，女性，尤其是母亲和奶奶，是情感的纽带、美的源泉、道德的标杆和精神的核心。父亲下班回家后，无论工作多么繁忙，无论有多少事情等着他处理，他总是会先急切地询问奶奶或姥姥的身体状况。对他而言，关心长辈的健康始终是最重要的事。

女儿玛丽卡永远无法忘记父亲三十岁生日那天的情景。那天，生日派对的一切都已准备就绪，客人们也陆续到来。然而，就在这时，奶奶突然生病了。父亲毫不犹豫地说："还过什么生日呢？"说完，他立刻送奶奶去医院。

这就是母亲在家长会上所说的"要用关爱的眼光看待他人"的含义。阿列克谢最小的孩子奥列霞四岁那年，奶奶离开了人世。时间正好是五月，孩子们在奶奶的墓前种下了鲜花，还在家附近种下了一丛玫瑰，取名为"奶奶的玫瑰"。每年五月阳光灿烂的日子里，孩子们都会带着玫瑰花来到奶奶的墓前。这一天，被全家人称为"奶奶日"。

也许有人会问：在墓前种花，为逝者种玫瑰，设立"奶奶日"，这些真的有必要吗？答案是肯定的。没有这些，真正的教育就无从谈起；没有这些，家庭的精神力量也会失去根基。

正如法国的一句古老谚语所说："如果活着的人忘记了死去的人，死去的人会报复活着的人。"现实证明，这种"报复"无比残酷。这种"报复"往往表现为使一个人铁石心肠、麻木不仁、冷酷无情，就像在肥沃的土地上飞廉（一种野草）丛生。

对逝者的敬重与怀念，实际上是为活着的人积累宝贵的精神财富。这就像一棵大树的根，从肥沃的土壤中汲取养分，支撑着大树的生长。这种精神财富，我们称为"人性"。

在阿列克谢·马特耶维奇的家里，父亲所做的一切，都在教导孩子们尊重和爱护母亲。每当早春来临，畜牧场的工作相对轻松，而甜菜田里的劳作却异常繁重时，父亲总是主动去田里干重活，让母亲去畜牧场工作。父亲的默默担当，孩子们看在眼里、记在心上，他们纷纷效仿，学着用尊重和关爱的目光看待母亲。

阿列克谢一家的教育艺术，核心在于赋予孩子们一种道德财富。这种财富源于家人的爱与善良、责任与劳动，以及父母以身作则的榜样力量。

阿列克谢和玛丽亚的孩子们之所以热爱劳动、真诚待人、充满热情，正是因为他们从父母身上看到了这些高尚的品质。父母通过自己的言行，向孩子们展示了做人的高贵品质。父亲不仅将这些品质传递给孩子，还从小培养他们敏锐的良知，使他们成为对自己要求严格的人。

如果用简短的话语来概括父母的育人之道，那就是：我们要让孩子成为坚强的人，成为对自己严格要求的人。严格要求自己，意味着在心中树立起道德的准绳，时刻践行诚实正直的品格。这也是父母对孩子的最高期望。只有当孩子将爱、善良、关怀与严格要求、责任感结合起来，勇敢地与罪恶、谎言和欺骗作斗争时，父母的教育目标才能真正实现。

玛丽卡在庄严的入团仪式前曾对我说：

我已不记得自己是从什么时候开始干活的，感觉劳动一直是我生活的一部分。那似乎是很久以前的事了。大概在我七岁那年，父亲让我去栽种三棵葡萄秧苗。我那时已经会做这种活了，挖好坑、浇上水，便把秧苗种了下去。但我忘了将苗根浸泡在泥浆液中这一步骤，当时我只想着把根埋进土里就行，根本没注意到苗根是否经过处理。反正秧苗是种下了，也浇了水。

到了晚上，父亲问我："苗根有没有在泥浆液里浸泡过？"在我的生活中，无论是之前还是之后，我从未撒过谎，但这一次我却说了谎。父亲立刻察觉到了我的谎言。他没有多言，只是专注地看着我的眼睛，随后像是重重地叹了一口气，仿佛肩上被压了一副重担。他亲手刨出我栽种的葡萄秧苗，放入装有泥浆的桶中蘸了蘸……而我站在一旁，满脸羞愧地看着这一切。父亲做完后，对我说："或许你能骗过别人，但永远不要欺骗自己。"

　　有时，一些父母会无奈地抱怨："我们这孩子可怎么办啊？好话歹话都听不进去。苦口婆心地教他明辨是非，告诉他什么该做什么不该做，可他就是油盐不进，怎么说都无济于事。"

　　孩子听不进劝告，无疑是教育中的不幸。当言语教育失效时，一些父母往往只能诉诸拳头和皮带……那么，该如何避免这种不幸呢？怎样才能使言语教育真正触动孩子内心，而不是靠强制手段去管教呢？答案在于，从孩子的童年早期开始，就让他们经历细腻而真诚的人际关系的磨砺。这种人际关系，正是家庭中最宝贵的道德财富。

第二章

▼

好父母胜过
好老师

让家长成为学校教育的同行者

　　长期以来，我校的家长工作模式与其他大多数学校相似，主要依靠定期召开家长会议，来促进学校与家庭之间的沟通与交流，搭建起双方互动的桥梁。同时，家长委员会的成员们也按照既定计划开展工作。然而，从整体效果来看，我们尚未真正构建起一个具有凝聚力的家长集体。因为家长们分布在不同的工作单位，彼此之间缺乏日常的接触与交流机会，很难像在一个企业或机关内部那样，自然地形成一个紧密的家长集体。家长们大多只是在家长会上才有机会短暂相聚，且交流内容往往局限于自己孩子的成绩和行为表现，对于全班或全校层面的其他重要事务关注甚少。

　　由于缺乏一个紧密的家长集体，学校和家庭在共同培养孩子的过程中，很难达成一致的集体意见和统一的行动方案。因此，我们为自己设定了一个重要的目标：建立一个友好且目标明确的家长集体。我们清楚地认识到，仅靠一两次家长会是远远不够的。家长集体需要明确自己的职责和使命，并且在家长会之外，能够像工厂、集体农庄或机关等其他集体一样，积极开展丰富多样的活动，充满活力与创造力。

　　教育孩子，无疑是一项需要付出极大耐心和细致关怀的劳动。既然孩子们在同一所学校接受教育，那么他们的父母必然会产生共同的兴趣和话题。基于这些共同的兴趣和话题，我们完全有可能组织并建立起一个意见统一的家长集体，共同为孩子们的成长提供支持。

首先，我们必须明确，学校的主要任务是提高学生的知识水平，而家长集体在其中能起到的辅助作用是不可忽视的。

通过深入分析家庭情况，我们发现，在读学生的父母在文化水平上存在显著差异。少数（约一百一十位）父母只接受过初等教育，而大多数父母以及学生的哥哥姐姐们都拥有高等或中等学历。在这些父母中，不乏工程师、技术员、农艺师以及其他领域的专家，他们完全有能力在教学工作的各个方面为教师们提供有力的支持和帮助。然而，目前的关键在于：如何吸引他们积极、有计划地参与到这项工作中。

为此，我们决定召开一次家长会，围绕"如何督促学生完成家庭作业"这一家长们普遍关心的问题展开讨论，并以此为契机，逐步组建起一个团结协作的家长集体。在召开家长会之前，我们对家长们督促孩子完成家庭作业的现状进行了全面细致的了解。我们发现，在督促孩子完成家庭作业的过程中，存在一个普遍的现象，即只要孩子坐下来开始读书，家长们就认为孩子在做功课。然而，对于孩子的学习效果、具体学习内容以及作业完成质量，大多数家长却很少过问。

老师们曾在布置家庭作业后，对四十五名学生的家庭进行了走访。他们发现，学生们往往只专注于完成第二天需要上交的作业。例如，七年级学生在周二和周六有几何课，那么他们通常会在周一和周五晚上完成几何作业。

此外，学生们不仅很少主动阅读几何教材，甚至在完成作业后也很少再次翻阅课本。在其他课程的准备上，也存在类似的情况。学生们整天忙于预习，仅仅是因为第二天有课。家长们对此颇为满意，认为孩子所做的一切都是理所当然的。

在家长会上，我们向家长们详细介绍了课程表的编排规则，并强调家长的任务不仅在于督促学生完成作业，更重要的是要引导学生运用科学合理的方法完成家庭作业。我们反复强调，要想让学生在家中牢固掌握所学知识，就必须做到既预习明天的课程，又及时完成当天的作业。只有这样，才能确保学生对所学内容有深刻而牢固的记忆。预习明天的课程，就需要学生在家反复背诵第二天要学的课文。虽然一开始可能会遇到困难，但只要学生坚持预习，就会逐渐积累起丰富的资料，为日后的学习打下坚实的基础。

在家长会上，家长们也积极提出了教师在教学过程中需要注意的问题，如家庭作业量分配不均、每周有几天作业量过大等。家长们的批评意见让我们深刻认识到，只有学校和家庭双方共同努力，才能尽快克服教学工作中的种种问题。

家长会取得了显著的效果。家长们开始更加关注孩子们在做家庭作业时的态度和方法，不再仅仅满足于孩子完成作业这一表面现象。组建家长集体的下一步是举办"家长日"活动。为了迎接这一天的到来，我们进行了长时间的准备。我们希望所有家长都能来到学校，通过具体的事例，了解孩子们在做功课时应该怎么做、不应该怎么做。

学校为此设立了专门的展览室，供家长们参观。在这里，家长们可以详细了解学生们的作业情况以及学生亲手制作的直观教具。家长委员会还特意做了一期"家庭与学校"的墙报，旨在增进家长与学校之间的沟通与理解。

十月末，学校各个班级都成功举办了"家长日"活动，许多家长都积极参与其中。当着孩子们的面，班主任和家长们讨论了学生们的成绩，并针对学生们在课堂上问答和书面作业中反映出的问题进行了深入分析。六年级班主任 M.A. 雷萨克在活动日上详细介绍了学生 T 在家中的预习情况以及她在课堂上回答地理、历史、物理方面问题的出色表现。例如，六年级在周二和周五有历史课，学生 T 会按照课程表顺序复习功课；周二（课后）和周三，她会迅速浏览教科书上留下的习题；而周四，她会利用各种可用材料进行深入预习。多次的预习和复习能够显著增强记忆效果。

班主任还通知说，教务会是按班级分别制订课程表的，学生应在当天完成家庭作业，即便距离下次上课还有两三天时间。在此期间，学生应对所学内容进行概览式复习，并在下次课前做最后的巩固。

班主任宣告会议结束后，孩子们先行回家，家长们则留下继续与班主任座谈。他们交流了许多新的例子，详细阐述了学生正确预习与不正确预习的情况。班主任特别提醒家长们要督促孩子按照预习时间表完成作业，并在做作业时进行检查，以确保每一个学生的作业都是独立完成的。根据我们的经验，集体完成家庭作业，尤其是在做算术、代数、几何等科目时，往往会导致孩子不愿动脑思考，只是机械地照抄答案。老师通过具体事例说明，两三个孩子在一起做作业时，不仅会使他们的成绩下滑，而且掌握功课的速度也会比其他学生慢。

让我们通过一个真实案例来说明这个问题。在工人 M 家中，有一对就读七年级的双胞胎女儿。姐姐玛丽娅天资聪颖，思维敏捷，总能快速掌握新知识；妹妹娜杰日达则需要更多时间思考才能掌握学习内容。令人担忧的是，姐妹俩长期一起完成作业，这种学习方式产生了明显的负面影响：娜杰日达逐渐养成了依赖心理，遇到难题时不再独立思考，而是直接照抄姐姐的答案。这种不良学习习惯直接导致她的学业成绩下滑——代数、几何等重要科目频繁出现不及格的情况（按照五分制评定，仅得两分）。这个典型案例揭示了一个普遍存在的教育问题：无论是家长代劳作业，还是学生群体协作学习，如果缺乏正确的引导和必要的监督，都可能适得其反。类似的情况在不少家庭中都存在，需要引起教育工作者的高度重视。

老师们向一些家长解释，帮助学生的关键不在于代替他们完成作业，而在于鼓励他们独立地去做。尤其是让学生大声朗读课文，这可以使学生更好地了解自己究竟掌握了多少知识。

"家长日"活动结束后，所有的老师包括校长、教务主任便开始进行系统的（一周两次）家访工作。家访一般选择在学生在家做家庭作业的时刻进行。老师首先会到那些不会独立做作业和常常完不成作业的学生家里进行走访。老师到了学生家里后，会先检查学生独立做作业的能力如何，了解他们存在哪些困难，然后帮助学生制订学习计划，以确保他们能够认真完成每一次作业。

在此，我想分享一个关于家访的实例。

一位名叫 K 的五年级学生，在第一学期里，他的俄语、历史、地理三门功课成绩均不理想。这让他的父母感到十分困惑，毕竟孩子平日里常常一坐就是几个小时，埋头于书本之间，看起来十分用功。为了深入了解情况，女班主任 B.A. 斯科奇柯老师决定到 K 同学家中进行家访。

斯科奇柯老师发现 K 同学在学习方法上存在明显问题。他在做功课时，从不检查自己的学习效果。例如，在学习历史时，他总是长时间地坐在书桌前，机械地从头到尾背诵课本内容。

斯科奇柯老师之后经常传授 K 同学正确的学习方法：首先，要快速浏览一遍课文，了解大致内容；然后，将课文分成几个部分，逐一深入学习，并尝试用自己的语言复述每个部分的内容；最后，再将整篇课文连贯起来进行讲述。对于重要的历史日期，要单独记录下来，并经常复习以加深记忆。此外，斯科奇柯老师还提醒 K 同学的父母，要按照老师的指示，定期检查孩子的家庭作业完成情况。

经过一个月的努力，K 同学在地理、历史和俄语课堂上，能够流利地回答老师提出的问题，再也没有出现不及格的情况。

最难的一点在于，要让学生不仅预习好第二天的课程，还要认真做好当天的作业。许多学生对此感到困惑：如果花费大量时间去预习第二天的课程，那么当天的作业又该如何完成呢？为了帮助学生改变学习方式，我们需要花费几周的时间进行引导。但最终的目标是让学生们养成放学后先休息片刻，然后在规定的时间内完成当天作业的习惯。当这一阶段的目标实现后，学生们应先完成书面作业，再进行口头作业。很快，学生们就发现，按照这种方法完成作业，不仅大大节省了时间，而且学习效果也显著提高。因为课堂上所学的知识记忆犹新，所以复习起来更加轻松。这样，他们就可以将剩余的时间用来准备第二天的课程了。

老师们每周都会进行两次家访。按照这样的频率，二十五位老师在一周内就可以家访五十个家庭。这样，在两个半月的时间里，我们就能够完成对全校学生的家访工作。通过家访，我们不仅了解了每个学生独立完成作业的情况，还进一步弄清了家长们对学生学习的期望和要求。如今，家长们对家访表现出了极大的兴趣，并愿意为提高学生的成绩付出一切努力。

在上半年的末尾，我们决定召开第二次家长会。与第一次家长会一样，我们将这次会议命名为"学术会议"。我们坚信，凭借家长们的思想水平和文化素质，我们有能力在现代教育科学要求的标准上做好家长的工作。在会议上，我们详细阐述了教学和教育工作的相关问题，并宣传了巴甫洛夫学说和马卡连柯富有创造性的教育理论。

几乎所有家长出席了第二次会议。由于参会人数众多，我们费了好大劲儿才将他们安置在村俱乐部里。校长在报告中，详细介绍了教师集体和家长们在提高学生独立学习能力方面所取得的初步成果。如今，大多数家长已经了解了家庭作业的完成要求，这使得校长能够将注意力集中到个别家长的问题上，以便帮他们纠正。

在讨论报告内容的过程中，家长们积极交流了在督促孩子做好家庭作业方面的经验。例如，四年级学生 B 的父亲分享道，自从他儿子开始独立做作业以来，学习成绩好多了。五年级学生 K 的母亲则表示，由于她严格遵循学习要求，促使孩子养成了埋头刻苦的精神和按时完成功课的好习惯。

家长们也对个别家长和教师提出了一些批评。例如，有同志指出，在职员 M 的家里，家长不断地给孩子买礼物以刺激孩子取得好成绩，这种做法可能会让孩子产生依赖心理，不利于他们的长远发展。家长们也反映，某些教师布置的家庭作业过多，且作业分配不够均衡。

家长们在会上的发言表明，家长开始与教师达成了共同的目标。如今的家长们不仅关心自己孩子的成绩，还对学校方方面面的工作给予了高度关注。

然而，我们也意识到，目前面临的一个重要问题是必须安排专门的时间征求家长们对教育和孩子学习方面的建议。

在学年结束前，我们还召开了一次会议，专门探讨家庭的思想政治教育问题。在这次会议上，集体农庄庄员做了题为《我的家庭》的报告。他深情地说，父母应该从孩子幼年起就教育他们热爱劳动，学会互相帮助。同时，也要让孩子了解父母在集体农庄里的工作。这份报告深深打动了家长们的心，引发了热烈的讨论。所有与会者达成了一个共识：父母们应该用自己的日常劳动和个人品行去影响和教育孩子，成为他们的榜样。

在学年结束前，我们并没有忘记还有一件重要的事情要做，那就是请家长们务必督促孩子们完成家庭作业。此时，教师前往学生家中进行家访的频率已经不像之前那么高了。因为经过一段时间的努力，家访已经逐渐步入正轨，取得了显著的效果。

在学年结束时，我们惊喜地发现学生们在各个学科上的成绩都有了显著的提高。

与此同时，学校的综合教育水平也有了明显的进步。这背后离不开家长集体的大力支持。家长们积极行动起来，帮助学校与拖拉机站、发电站、集体农庄等建立了紧密的联系。物理老师们组织了一系列的参观活动，让学生们能够亲眼看到内燃机、发电机和各种农用机具的实际运作。家长委员会协助学校组织了与农业生产先进工作者的会见活动。

在家长会上，我们还深入探讨了社会主义农业发展对毕业生提出的要求。通过这些会议，教师集体与家长集体之间的联系更加紧密。

本学年，我们将继续巩固家长集体的工作成果。具体来说，每个学季将召开一次家长会，集中讨论孩子教育方面的主要问题；每月出一期家长委员会的墙报，及时向家长们传达学校的教育教学动态和相关信息。征求家长们的意见和建议已成为我们学校的传统做法。如今，每一位父亲和母亲都会抽出时间关注孩子的学习情况，更加重视对孩子的教育。父母们会不断督促孩子们用正确的方法完成家庭作业。一旦孩子们能够做到当天作业当天完成，那么以后的复习就会变得轻松许多，学生的劳动也将成为更有效的劳动。

这一年，我们取得了显著的成绩：没有一个学生在地理、物理、历史、自然、化学、文学等学科考试中不及格。我们坚信，进一步做好家长工作，将会彻底消灭学校的留级现象。

从"为什么"开始，培养会思考的孩子

不久前，我在基洛夫格勒旅行时，遇到了一位年轻的铁路工人。他在一个偏远的小火车站工作，那里甚至连一所小学都没有。他参加了学校的家长会后，带着满心的忧虑回到了家。他那双充满忧伤的眼睛让我印象深刻，眼神中流露出的忧郁和深藏的悲伤，让我久久不能平静。

他对我说道：

我的儿子正在读三年级，寄住在远房亲戚家。如果您不仅是一位老师，还是一位父亲，您一定能理解我的心情。作为一位父亲，还有什么比听到老师这样的评价更心痛呢？老师说："虽然您的儿子性格安静、遵守纪律、热爱劳动，但是……在智力方面表现平平。他能拿到三分已经很不错了，四分、五分对他来说遥不可及。"我明白老师的意思。别的孩子在课堂上能轻松解出三四道题，而我的萨什卡却一道也解不出来，甚至连题目是什么意思都搞不懂。这是怎么回事？难道是我的孩子头脑发育有问题吗？请您相信，我愿意付出一生的努力，让他成为一个聪明的孩子。

与一位父亲谈论这样的话题并不容易。对于深爱孩子的父母来说，没有什么比孩子更珍贵的了。这是永恒的真理，因为人生的意义在于通过下一代延续自己，并在更高的层次上超越自己；我们希望孩子在智力、道德和审美方面，都能比我们走得更远。当然，这样的谈话并不轻松，却是十分必要的。

在当今社会，每个公民的创造力都得以全面释放，一个人的幸福与命运在很大程度上取决于其智力的发展。当一个人感到自己在智力上有缺陷时，那将是一种巨大的不幸。请仔细观察那些误入歧途、走向违法犯罪道路的青少年，他们究竟是什么样的人？他们中有许多是学识浅薄的人，有些则因为种种原因，智力财富匮乏。对他们来说，人类千百年来积累的精神财富，仿佛被抛在了脑后，与他们毫无关联。

直到今天，我们的社会中仍然存在不学无术、对知识一知半解的人。因此，我们无法让所有社会成员都享受到精神上的幸福。而个人的幸福，正是社会幸福的基石。有些父母在孩子遇到学习困难时感到焦虑，这并不奇怪。为什么有的孩子学习成绩优异，而有的孩子却似乎总是难以突破及格线呢？难道这真的是命中注定的吗？为什么同样的教育机会，对有些人来说是成功的基石，而对另一些人却像是难以逾越的障碍呢？要知道，我们如今正在努力为青少年提供普遍的中等教育，这是历史上前所未有的伟大创举。每一个孩子，无论出身如何，都被要求接受完整的中等教育，这意味着他们必须努力完成学业，读到十年级，甚至在困难面前艰难地坚持下去。

然而，问题的复杂性在于，我们不仅要正确回答父母的问题，还要帮助他们找到促进孩子智力发展的途径，尽力避免那些令人心碎甚至悲剧性的现象发生。一旦孩子失去自信，不仅会被学校淘汰，还可能与社会格格不入，甚至陷入与社会的持续冲突中。

要避免这些不幸的发生，仅仅依靠学校的力量是远远不够的。父母同样是孩子成长过程中重要的教育者，他们应当像教师一样，成为孩子的引路人，甚至在某些方面比教师发挥更为关键的作用。因为孩子的智力，早在他们出生之前就已经开始萌芽，人类的教育往往从生命形成的那一刻就开始了。

亲爱的父母们，你们都盼望着孩子能够聪慧过人，期待人类积累的智慧与精神财富能成为孩子的个人财富。可是，为什么这些愿望难以实现？为什么有些孩子或成年人无法拥有很高的智慧？

原因是多方面的，但如果深入分析，许多问题的根源其实在于父母——一些年轻人在孕育新生命时缺乏充分的准备或慎重的态度，这为孩子的未来埋下了隐患。

这是一个与遗传学密切相关的问题。智力发展的物质基础是大脑，而大脑的发育始于胎儿时期。在这一关键时期，父母的行为——尤其是酗酒——可能会对孩子的智力和健康造成深远的负面影响。酗酒者的后代常常会出现大脑皮层发育异常的问题。在妊娠期间，即使只是偶尔的醉酒，也可能导致胎儿发育缺陷。更严重的是，酗酒会在胎儿身上留下"酒精戒断综合征"这一永久伤害。这些损伤会随着孩子的成长逐渐显现。症状轻的孩子出生后会思维迟钝、记忆力减退。最可悲的是，这些孩子将用一生来承担父母一时放纵造成的恶果。

为什么我要提到这个沉重的话题呢？因为在我们身边，确实有一些孩子因为父母的酗酒而智力受损。我们学校就有一个孩子，他的父亲是个酒鬼。这个孩子非常不幸，无论我们采用什么样的教育方法，都无法弥补他因父亲的过错而遭受的伤害。他费了很大力气才学会写作文，到了五年级才第一次独立完成三年级的简单数学题。他刚学到的知识，两小时后就忘得一干二净；读题时，还没读到结尾，就已经忘了开头。记忆力差，正是这种智力发育受损的典型特征。从医学角度上看，这是由于他的大脑皮层细胞出现了深度硬结，来自外界的信息只能缓慢地传递到细胞中，并且无法像在正常细胞中那样进行加工。目前的医学手段对此无能为力，只能依靠教师耐心、细致的教育来帮助孩子取得一些有限的进步。但遗憾的是，能够胜任这项艰巨任务的教师，可能连百分之一都不到。

亲爱的年轻父母们，请牢记，孩子的健康与智力发展离不开你们的呵护与引导。你们需要明白，孕育一个新生命绝非单纯的生物学行为。人类与动物的本质区别在于，人类的一切行为，包括在孩子身上延续自我，都是有意识、有目的的。

孩子的智力发展在很大程度上受到成长环境的影响。正是在与环境的互动中，孩子开始认识世界。

让我们深入探讨一下"人的环境"，它是一个复杂而多维的系统，充满了各种相互关联的因素。孩子正是在这样的环境中逐渐认识世界，并将自己视为自然的一部分，如同那些富有理性、创造力和智慧的生命体一样。

从孩子开始对周围事物产生初步意识的那一刻起，父母就应该引导他们去观察事物和现象之间的因果联系。这种观察能力，尤其是发现那些看似平凡无奇的事物的能力，就像是思维的翅膀，支撑着他们飞向更广阔的世界，为孩子的理智、思想和创造力提供了腾飞的基础。它们的源泉正是孩子所处的周围世界——那些引起他们兴趣、被他们看见或感知的事物。

从人类文明曙光初现到如今的现代社会，周围的世界，尤其是自然界，始终是人类取之不尽、用之不竭的思维源泉。智慧，最初源于对一切事物的好奇心。每当你带着四岁的儿子去散步时，看到一片茂密的森林，森林后面是一片人工种植的小树林，里面有松树、杉树、橡树和白蜡树。孩子可能不会主动察觉森林和人工林之间的区别。我们需要激发他的好奇心，引导他去观察。你可以对儿子说："看看这些高大的树和那些小树，它们有什么不同吗？"孩子可能不会立刻回答，但只要仔细观察，他一定会有所发现。你会看到他的眼睛里闪烁着兴奋的光芒，说："老树林里的树没有排成行，而小树林里的树却排得整整齐齐！"

你接着问："为什么会这样呢？"孩子会开始思考。他想解释那些他还不太明白的现象，但这对他来说并不容易。即使他无法回答你的问题，甚至需要你来给出答案，但好奇的火花已经在他的意识中点燃。你的儿子看到了他以前从未注意到的细节，而正是你激发了他的求知欲，让他意识到人工小树林为什么排列得如此整齐，以及这片小树林是人类亲手种植的。

当你们走进森林深处，粗壮的橡树和白蜡树树干映入眼帘。孩子会发现树干上长满了绿色的苔藓，而且苔藓只生长在背向太阳的一面。他会好奇地问："为什么会这样呢？"他还没有积累足够的知识去解释这种奇妙的现象，但大自然的又一个秘密就这样被他发现了，这足以让他惊叹不已。继续前行，孩子兴奋地大喊："爱——琴——海！"从森林的远处传来回声，声音在山谷中回荡，渐渐消失在远方。孩子又会好奇地问："这是怎么回事呀？"

孩子的探索之旅已然开启！你需要利用点点滴滴的闲暇时光，陪伴孩子在这条道路上稳步前行。与他一起漫步田野、穿梭森林、驻足池塘边。哪怕是在那些毫不起眼、被灌木丛覆盖的山沟里，也藏着令人惊叹的宝藏。只要你善于发现，就能将这些美好展现在孩子眼前。当孩子沉浸在那些令人惊讶、惊叹的瞬间时，这也正是他求知欲被点燃的时刻。

在那一刻，孩子的大脑中会发生奇妙的变化——思维细胞之间会产生极其精细的相互关联的纤维。孩子接触到的周围世界的事物和现象越丰富，他所感受到的未知和神秘也就越多。比如，为什么夏天的太阳高高地挂在天空而到了冬天却低垂？为什么高大的橡树上结的是小小的橡子，而纤细的藤蔓上却能长出硕大的西瓜和南瓜？为什么会有闪电和雷鸣？为什么冬季，有的鸟儿飞往温暖的南方，而有的却选择留下来与我们共度寒冬？在探索自然的奇妙旅程中，孩子会不断地提出成千上万个这样的问题。孩子提出的问题越多，当他走进学校时，就会越聪明，他的眼睛会更加明亮，记忆力也会更出色。你要成为孩子智慧的启蒙者，教会他如何思考！

没有惩罚的教育

　　一名十四岁的少年被警察送到了基洛夫格勒的儿童收容所。这个男孩活泼又机灵，但据调查，他已经连续三年在五年级留级。如今，他从家里逃了出来……他反复地说着一句话："我再也不回家，也不上学了！"

　　儿童收容所要求学校为这个男孩出具一份鉴定报告，校长立刻答应了。鉴定报告的内容大致如下：学生费多尔·斯是一个无可救药、坏透了的学生，他侮辱老师，还游手好闲、愚笨不堪。据调查，在费多尔离家出走之前，他曾在课堂上捣乱，模仿猫叫和狗叫；在去火车站的路上，他还砸碎了农村消费合作社商店的玻璃，从橱窗里偷走了一个背包、两个手电筒和几节干电池。校长在鉴定报告的结尾严厉地写道："这种犯罪行为必须受到严惩，这样的学生绝对不能留在正常的学校里。"

　　关于费多尔的命运，我们稍后再谈。现在，请所有的父母们——无论您是工人还是医生，是教师还是工程师，甚至是那些即将成为父母的年轻人——让我们一起来思考一个问题：为什么今天仍然存在无人监管的孩子？这种社会现象的根源是什么？事实上，这种现象的危害不仅在于现象本身，更在于它会让青少年们走上道德扭曲的道路。童年时期缺乏管教，就像在他们的人生中埋下了一颗终将结出恶果的种子。

　　在我们国家，彻底消除儿童无人照管和违法乱纪的根源是完全可能的，并且终有一天，这种社会灾难将被彻底根除。

　　我坚信，儿童无人照管和产生违法犯罪行为的主要根源在于家庭和学校教育质量低下。如今，父母和教师们应当深刻反思：无论是缺乏家庭支持的学校教育，还是缺失学校指导的家庭教育，都无法胜任培养下一代这一极为复杂且精细的任务。然而，现实情况却是家庭与学校在育人过程中各自为政，缺乏协同合作。

　　许多父母对如何正确培养青少年感到迷茫，他们不知道如何塑造孩子的性格、观念和习惯，也不清楚在这一过程中应包含哪些内容。尽管所有父母都希望自己的孩子成为善良、勤劳、有益于社会的人，但遗憾的是，并非所有父母都具备实现这一目标的能力。

　　实践证明，孩子本身对成年人来说是一种强大的教育力量。事实上，有孩子的家庭天然就是一个培养高尚道德情操、精神财富和良好人际关系的肥沃土壤。如果家庭与学校能够携手合作，为年轻家庭奠定坚实的教育基础，让孩子在家庭和学校教育高度统一的环境中成长，孩子就有可能创造出令人惊叹的奇迹。例如，孩子可能会阻止父亲酗酒，制止父母说脏话或争吵。因此，我认为教会父母如何正确培养孩子，是教师最重要的任务之一。

　　在我们学校，家长学校已经运作了十五年，它分为三类班级：第一类班级面向尚未有孩子的年轻夫妇；第二类班级为即将进入小学一年级的学前儿童的父母设立；第三类班级为不同年龄段学生的父母设立。

　　孩子在学校学习十年，而他们的父母则要在"父母课堂"中学习十三年。无论是父亲还是母亲，都必须参加，无一例外。如果父母中的一方因故无法参加，必须事先获得校长或班主任的批准。

　　每个班级每月上两次课，每次一个半小时。课程由校长、教导主任或优秀教师主讲。作为校长，我认为这项工作是我所有职责中最重要、最不可或缺的一部分。

　　或许有人会问：如果学校有七个家长班，每月还要上两次课，老师们岂不是要忙于与家长沟通，无暇顾及其他？其实不然，我们并没有感到负担过重，因为我们摒弃了许多不必要的、流于形式的家校沟通方式。我们不再频繁家访，而是让父母主动来找我们。

在课堂上，老师们会详细讲解如何正确培养孩子和青少年，以及这一过程的重要意义，而不是空喊口号或泛泛而谈。遗憾的是，有时家长会议的效果并不理想。因此，我们向父母们提出了一些切实可行的建议。

例如，在为新婚夫妇（未来的父母）开设的课程中，我们主要讨论夫妻相处的素养，强调人要善于控制自己的欲望，以及如何使自己的欲望与他人的欲望相协调。如果我们仔细分析日常生活中的幸福与不幸、顺利与挫折，以及夫妻共同创造的精神财富，就会发现这一切都建立在良好的人际关系之上。我们既要尊重个人生活的隐私，也要轻轻触及心灵深处最隐秘的角落。正是这一点，吸引了年轻的父亲和母亲前来学习。值得一提的是，他们中的许多人，也曾经是我们的学生。

列夫·托尔斯泰曾深刻指出："孩子的诞生为父母创造了一个独特的'脆弱区'。"我们努力向父母们清晰地传达，他们必须面对并理解孩子的这种"脆弱性"。我们坚信，父母养育孩子的每一个细节，都会在孩子的身上留下自己的智慧、道德和精神的痕迹。

在与即将入学的孩子的父母交流时，我们会教他们如何培养孩子的智力和语言能力，如何塑造孩子的情感，我们还会开设专题课程，如"父亲与儿子""母亲与女儿""家庭是人际关系的学校"以及"孩子道德素养的初步标准"等。

家庭教育中，劳动锻炼是不可或缺的一环。我们不禁想起国民教育中的一条重要原则：从孩子学会用勺子吃饭的那一刻起，就应该开始教导他们劳动。孩子在家庭中的劳动应被视为培养人际关系素养的基础。劳动对个人的幸福和成功来说，是一条贯穿始终的关键线索。

我们要与父母共同努力，让孩子从有生活的意识开始，直到成年后，始终怀有为他人创造价值的意识。当孩子七岁，即将步入一年级时，我们要求每个孩子在自家庭院里为母亲种下一棵苹果树，并在果实成熟时亲手摘下果子献给母亲。

如果一个孩子在十一二岁，回顾自己的童年时，却看不到自己劳动的最初成果，无法自豪地说"这片供人们休憩的树林是我种的""这株葡萄是我为大家栽的"，那么孩子所受的教育无疑是不完整的。

多年的教育经验让我坚信一条至关重要的教育规律：当服务社会、造福人民的劳动成为孩子们内心真正的快乐源泉时，惩罚机制便自然失去了存在的必要。因为在那里，惩罚不仅不需要，甚至连产生惩罚的条件都不存在。既然没有惩罚的必要，自然也就不会有破坏纪律或扰乱秩序的行为。

我敢肯定地说："我们学校的学生根本不知道什么是惩罚。"这是因为，他们对创造的渴望和为他人做好事的热情，成了他们童年快乐的源泉。无论是在少先队活动还是班级管理中，我们不会采用当众训斥的方式，更不会诉诸体罚等早已被现代教育淘汰的手段。

如果连这一点都做不到，那么家庭和学校教育的基本素养就值得怀疑。列宁曾指出，革命的成果只有通过学校才能得到巩固。确实，实现无惩罚的教育，不仅仅是学校的责任，它还涉及社会意识、行为规范和人际关系方面极为复杂且精细的范畴，是共产主义社会改造中的一个极其重要的问题。

我们常常会听到这样的观点：为了永久消除犯罪，需要更残酷、更严厉的惩罚。这是错误的！如果在童年、少年甚至青年早期，能够消除惩罚，或者更准确地说，消除对惩罚的需要，那么犯罪行为可能就不会出现。

在我们谈话开始时，我提到了一个离家出走的小男孩费多尔。当时我们已经知道，他在学校和家里的生活简直如同地狱。这个孩子即使努力学习，也难以完成学业，但老师们却不断地在学生手册里对家长写道："你们的儿子不愿学习，请你们采取措施。""他表现很差，请采取措施。"于是，父亲和母亲就会惩罚孩子。他开始憎恨学校和家庭，接着便故意不完成作业，故意违反纪律……

所有人都应该记住：如果一个孩子经历了与惩罚相关的创伤，他内心深处那种与生俱来的自我教育能力就会逐渐减弱。对他们惩罚越频繁、越残酷，孩子的自我教育能力就越差。

惩罚，尤其是当它的正当性受到质疑时（这在许多家庭冲突中很常见），它往往会让人的心灵变得冷漠，进而滋生怨恨和更残酷的行为。一个在童年时期频繁遭受惩罚的人，到了青少年阶段，可能会对警察局的少儿室、法庭甚至劳教所毫无畏惧。

教师最担心的，不是其他灾难，而是孩子心灵上的麻木、道德上的冷漠以及对善与美的感知迟钝。这种不幸的种子，往往在家庭中、在孩子童年早期就已经埋下。要预防这种现象，只能依靠文化教育的重要阵地——学校。

当然，确实有一些令人苦恼的家庭。但我在学校工作了不止十年，从未遇到过不可救药的父母，也没有遇到过内心完全失去善良火花的人。将这种善良的火花变成明亮的火炬，是教师们极为艰巨却又极其崇高的使命。

如何进行共产主义教育，时代对正在成长的一代人提出了尖锐而迫切的任务。如果家庭和学校缺乏高度统一的教育素养，这一任务将难以完成。

家长的教育素养
是拉开孩子差距的关键

语言的魅力

无论我们的学前教育机构多么先进，孩子智慧和思想的真正塑造者，始终是他们的父母。母亲和父亲是孩子通往成熟和成人世界的引路人，他们的作用是无可替代的。

学者们在托儿所和幼儿园的长期观察中发现：对于三四岁的儿童来说，如果长期只与同龄人相处，而缺乏长辈的精神引导，他们的思维发展会明显滞后。

只有每天与父母、祖父母以及兄弟姐妹进行互动，孩子才能获得思维发展的最佳环境。当然，学前教育机构的作用不可忽视，但它们绝不能替代家庭在孩子的全面教育和智力培养中的核心作用。

如今，社会已经发展到一个新阶段，父母的教育素养成为每个公民履行社会责任的重要基础。而这种责任的核心，是对下一代的教育。因此，我们必须重视提升父母的教育能力，尤其是培养其促进孩子全面发展的专业素养。为此，我们专门为学龄前儿童家长创设了家长学校。

我们的教师团队深信：对于教师和家长来说，最重要的任务就是关注孩子思维的形成与发展。为什么有些孩子在学校表现得聪明灵活，观察能力强，能够迅速领悟老师所讲授的内容；而另一些孩子却思维迟缓、听课吃力、记忆力差？在没有建立家长学校之前，我们可以说是在黑暗中摸索。

在家长学校里，父母都要学习这些课题，如"解剖生理学特征""神经系统""生理与心理发展"以及"儿童精神生活"等。为了提升父母的教育素养，我们主要通过讲座的形式进行，内容生动且充满说服力。这些讲座通常由校长、副校长以及优秀教师主讲，他们用真实的案例帮助家长理解教育的深层意义。

我们的目标是让家长们意识到，他们在孩子精神生活的每一个细微领域都肩负着重要责任。我还记得在一次讲座中，为了帮助父母们更深刻地理解环境对孩子智力发展的影响，我讲述了一个古老的故事。

很久以前，印度有个国王，叫阿克巴尔，他想验证圣人们的一个说法是否正确。圣人们宣称："无论孩子处于何种环境，即使没有人刻意教授，他们也能自然而然地学会本民族的语言。"为了验证这一说法，国王下令将来自不同民族的三十个婴儿安置在一个与外界完全隔绝的房间里。这些孩子由不能说话的仆人照顾，食物则由不能说话的仆人通过小窗口递进去。房间的钥匙由国王亲自保管，确保没有任何人声传入。

七年过去了，国王在圣人们的陪同下打开了房间的门。然而，他们听到的不是人类的语言，而是此起彼伏的嚎叫和猫叫声……这一幕让那些自诩聪明的圣人们颜面尽失。

从科学的角度来看，阿克巴尔的实验（如果这种残酷行为还能被称为实验的话）可以说是"成功"的。它揭示了一个深刻的道理：在孩子的生命早期，人类环境十分重要且无可替代。如今，我们已知有十多起孩子被野兽（如狮子、老虎、狼等）抚养的案例。这些孩子因各种偶然原因落入兽群，并在野兽群中生活了数年。后来，他们重返人类社会，大多年龄在十岁到十七岁之间。学者们花费多年时间试图教会这些"野孩子"说话，但收效甚微。有些孩子一年内只能学会两三句话。他们之中没有一个人能够完全融入人类社会。原因在于，他们在野兽群中度过的时光，正是他们对外界刺激最为敏感的时期——从两岁到七岁。这个阶段是人生发展的关键期，孩子会本能地从周围环境中吸收大量知识、技能和习惯，为他们的心理发展奠定基础。孩子的思维能力、语言表达能力、情感表达以及对周围世界的认知，都在这一时期形成。孩子们在持续接触新鲜事物的过程中，求知欲被充分激发，而这种求知欲会在他们长大后转化为对知识的理性追求。

然而，与人类不同，兽类缺乏人类特有的心理特质，它们的生活完全依赖本能。那些在兽群中长大的孩子，尽管处于对外界刺激的敏感期，但他们的大脑皮层细胞却始终停留在本能的原始状态，这种状态将伴随他们一生。

若家长缺乏这些深刻见解及其他相关知识，便难以称得上具备真正的教育素养。无论在何种情境下，父母作为教育者都是不可替代的。我向未来学生的父母们强调："当你们迎来新生命的降临时，一定要铭记，在孩子能够用清澈的眼睛去凝视那绚丽多彩的花朵，或是被玩具吸引目光的那一刻；在他能够聆听树叶的沙沙声与蜜蜂的嗡嗡声的瞬间，你们就应该开始培养他的智慧。"在孩子成长的这一关键阶段，父母投入的心力越多，孩子入学时就越聪明。遗憾的是，有些父母对这种"教育"毫不上心，其结果就是，即使是最有智慧、最有经验的教师也无计可施……

在提升家长教育素养的过程中，我们注重系统性和连续性。除了建议家长们为孩子制订合理的劳动计划，安排充足的休息时间以及鼓励孩子参与多样化的活动外，我们还特别强调对孩子进行精神层面的培育。尤其是在情感教育方面，我们提出了一系列具体的建议，因为情感是通往外部世界的窗口，是孩子认识世界的重要途径。我们希望孩子们的这些"窗口"始终保持干净与明亮。

在童年早期，孩子们通过感性去认识世界，情感记忆在这个阶段发挥着巨大作用。众多事实表明，孩子们在童年早期深刻感受到的美好形象和事物，往往会成为他们一生的记忆。那些在学校里表现出色、求知欲旺盛的孩子，他们的记忆中往往储存了大量通过感性体验获得的形象。在提升家长教育素养的同时，我们也在不断地完善自身的素养，因为教育中的每一个环节都是紧密相连的。

有一次，我被一年级学生尤拉讲述的一个充满艺术感的故事深深打动了。他描绘了初春时节的清泉，以及屋顶融化的雪水是如何"穿透"厚厚的雪毯……这让我再次意识到，成年人花时间带领孩子进入美的世界是多么重要。我们应该让孩子们亲眼看到花朵如何绽放，蜜蜂如何采蜜，以及那如同神话中用精湛技艺雕琢而成的雪花。让孩子们沉醉于晨曦薄雾中渐渐显露的城市轮廓与宁静的乡村，去探索雨后彩虹那如梦似幻的色彩变换，去聆听那欢歌笑语中，金黄色麦浪在田野里翻滚的壮丽景象……

孩子的智力发展和学业成就，很大程度上取决于他们的观察能力、专注程度以及对知识的渴望。通过对学龄前儿童的长期观察，我们得出了一个重要结论：求知欲和对知识的追求并非与生俱来，而是在儿童早期培养出来的。

由感性认识所积累的情感财富，也是孩子语言能力发展的独特且重要的基石。

然而，令人遗憾的是，我遇到过一些二三年级的学生，他们甚至对"黎明"这个词没有任何理解，更不用说这个词能给他们带来任何情感色彩。为什么会这样？因为这些孩子从未亲眼见过黑夜是如何消退，白昼是如何到来的。那些强塞进孩子们脑海里的词，往往只有在他们需要时才会去寻找。

那些从他们口中说出的词语，往往只是在需要时才被勉强使用。思维混乱，语言表达不准确、缺乏连贯性，口齿不清，这些都是智力发育不健全的典型表现。如果孩子在两岁到七岁之间没有形成鲜明的形象，那么那些未被深刻印在意识中的词语，就会像微弱的闪光一样，转瞬即逝，无法留下痕迹。

几乎每一位教师都会思考一个问题：为什么有些学生记忆力超群，而另一些学生却总是"左耳进右耳出"？在观察学龄前儿童的智力发展时，我们发现了一条重要规律：学生记忆力的强弱，在很大程度上取决于童年早期灌输到孩子意识中的词汇的丰富程度、鲜明度以及所蕴含的情感色彩的深浅。

学龄前儿童的五百个发现

当我在课堂上向孩子们描绘春天森林中万物复苏的景象时，我总是努力在他们的脑海中勾勒出一幅生动的画面：瞧，那娇嫩的雪花莲从层层落叶间探出头来，蓝色风铃草的小花好奇地凝视着解冻后的湛蓝湖水……我注意到，有些孩子眼中闪烁着兴趣和好奇的光芒，他们迫不及待地分享自己脑海中同样如诗如画的风景故事。然而，另一些孩子虽然也在认真倾听，但眼神中却透露出一种漠然。对于这些孩子来说，教学工作异常艰难。他们需要付出极大的努力，才能勉强记住我所讲的内容。在他们的情感记忆中，缺少那根能够牢牢抓住的"救命稻草"，而这根"稻草"正是培养记忆力、求知欲和观察力的关键。

在家长学校的课程中，我们进行了深入的讲解。我们引导家长们观察周围的环境，让他们将注意力集中在那些能够激发语言和情感的元素上。例如，在村子附近有一片茂密的阔叶林，林中有几处清凉的泉水。在一片特别的小空地上，尽管是二月，被阳光温暖的土地也开始苏醒，雪堆之间，雪花莲悄然返青；阔叶林里有一片被我们称为"铃兰旷地"的地方，这个名字已经沿用了许多年。老师们带着孩子们来到这里，不仅是为了欣赏大自然的美景，更是为了教会孩子们如何思考。这片阔叶林中有许多橡树，它们在春天之前都不会落叶，整个冬天都矗立在被白雪覆盖的树林中，树叶的颜色五彩斑斓，深红色、黄色和橙色……仿佛是大自然这位魔术师刻意点缀出的。在林中的一个偏僻角落里，很久以前有一只狐狸在那里筑巢生活……此外，还有一片灌木丛生的峡谷。乍一看，这里似乎没有什么特别之处，但仔细观察，你会发现这里蕴藏着无数令人着迷的语言细节，能为我们的表达增添丰富的情感色彩！峡谷底部有一潭清泉，即使在寒冷的冬季也不会结冰；草原上到处生长着丁香花。在校园里，孩子们还能看到当地罕见的松树、云杉和花楸！我们建议父母们带孩子去这些能够激发语言美感的地方，鼓励孩子们提出尽可能多的问题。我们坚信，父母们拥有教育的天赋，他们中的许多人甚至是教育天才。父母的语言和生活智慧，应该是国民教育中取之不尽、用之不竭的资源。只要您以善意的方式接触这些资源，并将科学知识融入其中，原本枯燥的教育理论就会变得丰富多彩、生动有趣。

将长辈的生活智慧，尤其是那种充满高尚情感的父爱和母爱传递给下一代的过程，是一种无法被替代、也无法轻易创造的过程。一些不幸的家庭案例（遗憾的是，生活中这样的例子并不少见）让我们确信，有规律地营造稳定、健康的人文环境，确实能带来积极效果。

学校从孩子五岁开始，就对这些未来的小学生开展系统的教育。每周安排一次至两次活动，孩子们会在指定的日子来到学校，由一年级老师负责教育工作，主要目标是促进孩子的思维发展。在晴朗的日子里，我们会带领孩子们走进森林、果园和田野。正如我们对家长们所说的，大自然是思维和语言的源泉。在接触自然的过程中，我们努力引导孩子们观察那些看似无关紧要，实则紧密相连的事物，这对培养他们的观察力和求知欲具有极其重要的意义。求知欲和观察力是儿童思维发展的重要前提。

在教师的悉心引导下，每次自然探索活动都成为孩子们发现生命奥秘的珍贵教育契机，他们的思维触角延伸至那些隐匿而微妙的自然界秘密之中。一年光景，小朋友们竟能累积五百多个"惊人发现"，以下仅是其中精彩片段的摘录。

譬如，我们周围的世界由有生命和无生命的物体组成；水、阳光和热量，构成了生命存续不可或缺的条件；植物从种子萌发、生长、成熟，最终结果以繁衍后代；水有三种状态：液态、固态和气态；植物的生长和发育往往因人类施加的矿物质肥料和有机肥料而更加旺盛；地球表面的土壤是生物生存的基础，植物依赖它而生长……这些"发现"，都源于孩子的感性认识。正是在这一系列探索与"发现"之旅中，语言被赋予了丰富的情感内涵，孩子们也形成了对事物的初步概念，比如生物与非生物的概念。

在这段时间里，我们已经注意到一些孩子在智力发展方面存在某些异常（虽然在这个年龄段并不明显，但随着年龄增长会逐渐显现）。例如，有些学龄前儿童并不像大多数孩子那样对探索新事物感到惊奇，反而表现出冷漠的态度。然而，"惊奇"实际上是思维活跃的表现。

我们对这些冷漠的孩子及其家庭环境进行了深入研究，发现导致孩子反应迟缓的原因可能包括：体质较弱、情感体验贫乏，以及日常生活中缺少能启发思考的生动事物。基于这些发现，我们制订了专门的辅导方案，重点培养孩子的感知能力和情感表达能力。我们明确告知家长："如果现在不坚持对孩子进行系统且持续的教育引导，等孩子入学时，他的认知能力将明显落后于同龄人，学习中会面临严重困难。"

　　六岁到七岁是孩子接受更加系统化教育的关键时期。与上一年一样，为了促进孩子的思维发展，我们安排他们接触大自然。此外，我们还通过将阅读与游戏紧密结合的方式教孩子们阅读。到孩子们入学时，他们已经掌握了初步的阅读技巧，这为他们在学校期间进行内容丰富、多方面的思维发展工作奠定了良好的基础。

第三章

▼

家庭教育的
尺度与智慧

父母的权利与智慧：
如何让孩子在爱与规则中成长

一些父母秉持着这样的观念：孩子的听话程度，全然取决于他们意识的发展水平。等孩子长大后，自然会明白应该听从父母的话，到那时再管教也不迟。于是，这些父母对学龄前的孩子采取了完全放任的态度。

在我们的工人居住区，住着一位名叫彼得·阿法纳西耶维奇的职员。他家有三个孩子，一个男孩和两个女孩。这个家庭经济条件优越，父母对孩子总是有求必应，尤其是对儿子维佳。从学龄前开始，维佳就习惯了父母满足他的一切愿望。一次午饭，当母亲将汤盛入他的儿童专用碗时，他却任性地问道："你为什么把汤倒在这个碗里？我要用深碗盛汤！"母亲只好把汤倒进深碗里。

每当孩子提出新的任性要求，妈妈总会这样解释："等他长大了，自然就懂事了。"父亲也默认了这种想法。

父母常常为维佳购买儿童书籍，但他总是撕毁书页，用来折纸鸽子和纸飞机。父亲有时试图制止他的这种行为，但维佳却立刻使出他的

"撒手锏"——发脾气和哭泣。母亲见状，便当着孩子的面为儿子辩护："等他上学后，自然就会爱惜书本了。现在何必阻止他呢？等他长大了，自然会更懂事。"

　　维佳上学后，父亲认为应该提前两小时叫醒他，但母亲心疼孩子，舍不得这么早叫醒孩子。于是，维佳上学时总是手忙脚乱，不是忘带书本，就是迟到。到了周末，他更是睡到十一点才起床，醒来后还要懒洋洋地在床上躺很久。父亲责备母亲，说她纵容孩子的任性，维佳对此却毫不在意，因为他知道母亲会护着他，而父亲最终也会妥协。孩子发现父亲和母亲对他的要求常常不一致，于是学会了只听对自己有利的话，因为他知道反正总有一方会为他撑腰。

　　显然，在彼得家，没有从小就培养孩子遵守要求和服从的习惯。维佳的父母虽然明白他们作为父母有权对孩子提出要求，这种权利本可以让他们轻松实现自己的期望，但他们却选择放弃使用这种权利。他们认为，孩子长大后自然会明白必须服从父母的道理，此前不应对他提出过多要求。这种想法恰恰表明，他们并不理解真正的纪律是如何培养的，也忘记了自己作为父母的权利和义务。

　　在有孩子的家庭中，必须行使父母的权利。在苏联家庭中，这种权利的必要性源于父母对为国家培养未来公民的责任。那么，什么是父母的权利呢？是父母让孩子服从自己意志的权利，是根据家庭生活条件制订合理规则的权利。这种权利受法律制约，只有这样，父母才能行使教育子女的责任。

　　有些父母持有这样一种错误观念，认为孩子在幼儿时期不必懂得服从的必要性，随着年龄的增长他们自然就会服从。事实上，情况恰恰相反：从小培养孩子服从和听话的习惯，之后会在孩子的意识中逐渐反映出来，使他们逐渐理解服从的必要性。如果孩子在实践中发现，他的任性总能得到满足，不服从也不会带来任何不愉快的后果，他就会习惯任性，甚至认为这是理所当然的。

　　要让孩子明白父母的权利，就必须让他们从小养成听话和服从的习惯。孩子的行为习惯往往比他们的逻辑思维发展得更早，所以他们需要通过日常生活中的实践来学会服从。当然，并不是所有事情都需要向孩子解释清楚（如没必要对一个三岁的孩子解释为什么他要比大人早睡）。只有当父母的要求是为了帮助孩子成长为有责任感的人时，这种要求才是合理的。等孩子长大后，他们会理解这些要求的用意，并对父母的教导心怀感激。

此外，父母的要求必须一致。如果父母在孩子面前总是争论，甚至互相矛盾，那么无论他们的要求多么合理，孩子都会觉得这些要求没有权威，也不会认真对待。

有些父母认为，他们对孩子行使权利的方式主要应通过禁止来实现，然而，这种观念并不正确。如果孩子耳边总是充斥着"不许这样""不许那样"的声音，就会被束缚住手脚，变得胆小怯懦、消极被动。真正的教育不应只是限制，而应更多地鼓励孩子的积极行为。

多年来，我们一直关注集体农庄组长伊万家是怎样教育孩子的。这对父母养育了五个孩子，有两个已经中学毕业，正在大学深造；另外三个还在我们学校就读。孩子们无论在家还是在学校，都非常遵守纪律。那么，这对父母教育成功的秘诀是什么？他们始终以坚定而一致的方式教育孩子，不靠简单的禁令来约束，而是通过鼓励和引导，让孩子主动投入积极有益的活动。他们很少说"不可以"，而是用积极的语言告诉孩子"应该怎么做"。

在教育过程中，"禁止"应当作为最后的干预手段，仅当孩子确实出现不当行为时才使用。当父母以正向引导和积极鼓励为主要教育方式时，即便偶尔需要制止某些行为，孩子也会更愿意配合。这种教育理念的核心在于：培养孩子正确的行为习惯，自然就能减少不当行为的发生。

伊万和妻子从不抱怨孩子的行为，孩子们也不会顽皮或捣蛋。在家庭教育中，这对父母始终坚持教育理念的一致性，从不对同一件事给孩子发出相互矛盾的指令。他们深知，任何矛盾和冲突都会让孩子感到困惑，进而产生不服从的心理。因此，他们总是互相协调立场，在必要时也会适当考虑孩子的意见。

对孩子要求严格，并不代表要让他们唯命是从。伊万夫妇擅长洞察孩子的内心世界，理解他们的情感和愿望。在某些情况下，他们甚至允许孩子做出一些不完全符合自己期望的选择，尤其是当孩子对某件事充满热情，直接反对可能会给孩子带来沉重的心理负担时。有时，让孩子在实践中认识到自己的错误，也是一种宝贵的成长经历。

让我们用伊万家的一个真实故事来说明这一点。

　　他们的儿子格里沙十二岁，性格有些内向，有一些"秘密"不愿告诉兄弟姐妹。有一次，伊万夫妇发现格里沙经常和朋友们去一个荒野中的破旧棚子里玩耍。"他们在那里做什么？"伊万夫妇感到好奇。但他们没有直接询问，他们知道，如果有什么重要的事情，孩子会主动告诉他们。果然，有一天，格里沙走到父亲面前，请求道："请允许我今天晚上在棚子里过夜吧。"

　　"为什么？"父亲惊讶地问。

　　格里沙解释说，他和朋友们组织了一场"游击队"模拟游戏，他们在棚子里建立了"游击队司令部"，今晚所有的"指挥官"都要集合。尽管父亲并不喜欢儿子玩这个游戏，但他看到格里沙对此如此热衷，便意识到用严厉的禁令去破坏孩子的热情是不明智的。更重要的是，格里沙没有擅自行动，而是主动征求自己的意见，坦诚地分享了他的"秘密"，这充分体现了孩子对自己的信任与尊重。同时，在权衡了所有因素后，父亲认为一次通宵游戏不会影响孩子的健康，反而可以让孩子们在游戏中进行自我反省。结果正如父亲所料，孩子们在夜间游戏中遇到了许多不愉快的事情。由于不习惯熬夜，孩子们很快就感到疲惫不堪，最终都自行回家休息了。这次经历之后，男孩们的游戏回到了正常轨道，而格里沙也对父亲更加信任了。

这个故事告诉我们，在行使父母权利时，需要对孩子内心世界保持高度的敏感和体贴。每位父母都应该清楚地知道自己的权利边界在哪里，避免过度干预孩子的"隐秘世界"。每个孩子都有自己的隐私，主要与游戏、同伴和友谊有关。成年人越是少用明显方式探听孩子内心的、隐秘的事，孩子的"秘密"也就越少，越能跟成年人坦率相处。

有些父母喜欢为孩子设定严格的交友规则，可以和哪些孩子交朋友，不允许和哪些孩子交朋友。父母的责任在于引导孩子正确交友，而不是简单地禁止或允许。随着孩子年龄的增长，他们越来越需要自己的空间。年幼的孩子可能会天真地向父母分享所有秘密，但到了青少年时期，他们会更加注重隐私，对父母的直接干预也会更加敏感。

因此，父母需要转变态度，尊重孩子的个性，承认他们的隐私权利。只有这样，父母与孩子之间的关系才不会随着孩子的成长而疏远。

父母的权威取决于许多条件，其中最重要的一点是正确而巧妙地行使父母的权利。父母的权利不仅是一种权利，更是一门艺术。

孩子的依赖心理究竟从何而来

每当提及青少年犯罪，无论是在文章还是演讲中，学校总是被推到风口浪尖，被视为首要责任方。然而，一个关键问题却鲜少有人提及：这些青少年究竟是谁？他们来自怎样的家庭？其中有多少人是在没有父亲或母亲的情况下长大的？他们又接受了怎样的教育？

评论家们常常指责教育科学院未能充分利用丰富的资源来研究青少年的教育问题。他们指出，科学院拥有众多资源，比如数十万名教师的实践经验，以及用于快速处理资料的计算机等。然而，教育学本身，无论是理论还是实践，都受到了不少批评。

由于我没有全国性的统计数据，只能依据我所了解的情况来展开讨论。我从事教育工作已有 30 年，成千上万的男孩和女孩在我眼前长大成人，结婚生子，然后将自己的孩子送入学校。在我的职业生涯中，我遇到了 270 名问题青少年。这些孩子的灵魂被恶劣的环境所摧残，他们在破碎的家庭中挣扎求生。他们在童年时期就失去了对任何神圣事物的信仰，过早地接触了他们本不该知晓的事情。

在这 270 人中，189 人是单亲母亲的孩子，没有父亲的陪伴；77 人来自破裂的家庭；只有 4 人的家庭表面上看起来是"正常"的（有母亲和父亲，但如果我讲述这些家庭的真实情况，恐怕听完的人都会感到忧心）。

这已不再是笼统的推测，而是实实在在的统计数字。对于这 270 名学生中的每一个人，我都有一张卡片，上面记录了我认为了解一个人所必需的各种信息。那么，我 30 年教学实践积累的数据究竟告诉我们什么呢？它告诉我们，问题儿童和青少年大多是那些没有父亲陪伴、从未经历过良好家庭生活的孩子。他们的童年被一种错误的观念所伤害：他们的出生是一种意外，是对母亲的惩罚。孩子的心灵深处埋藏着无法言说的伤痛——他们既得不到父亲的关爱，又总觉得自己不被重视。更让人心疼的是，这些孩子从刚会说话、开始懂事的时候，就常常听到母亲埋怨："你就是来折磨我的，真不该生下你！"

当我翻开那些泛黄的笔记本，一页页读下去时，这些孩子和青少年仿佛又出现在我眼前。他们对着老师发脾气，连最温和的劝导都会刺痛他们，处处和老师对着干。

真诚、感觉敏锐、善良——这些保护我们不做坏事的好品质，就像身体的免疫力一样。但这样的"心灵免疫力"，只有在一个人的童年早期，经历过以培养善良品质为核心的教育，以及在与他人相处中体验到真诚、尊重和爱的关系时，才能真正获得。而这种教育和经历，只能来自良好的家庭，来自父亲和母亲这两颗相爱的心所树立的生动榜样。

爱人的能力只能通过爱来培养——就像火焰只能用火种点燃一样。

我想起了十二岁的科里亚。当我讲述佐娅的英雄事迹时，男孩眼中闪烁着愤怒的火花，他说："这不是真的。"

"你为什么这么想？"我问。

"因为所有人都在撒谎。因为世界上根本没有真相。那些美丽的词语只是为了书本而编造的。"科里亚仿佛承受着巨大的痛苦，艰难地低声说道。

一个小孩儿要经历多大的痛苦，才会对真相、对善良、对人性如此失去信任？这个男孩科里亚的成长环境充斥着谎言、伪善、欺骗。他的母亲被三个男人欺骗，没有一个成为她的丈夫，她独自抚养着三个男孩。每天她都教导孩子们：不要相信任何人和任何事，要学会欺骗；想要成功就必须学会欺骗……她甚至亲自教导孩子们如何欺骗、伪装和偷窃。

在我们学校，班级记事簿上已经取消了"父亲姓名"这一栏。我们取消它是因为每个班级都有这样的孩子。对他们来说，当向他们提及父亲相关的问题时，相当于在他们伤口上撒盐。我们不会直接询问孩子们关于父亲职业的情况，而是通过其他适当渠道获取这些必要信息。我们国家究竟有多少这样的孩子？已经有十多年了，公众一直在呼吁废除在出生证明上用空格线代替父亲姓名的法律，这一法律违背了我们的道德规范。

《文学报》上曾有一篇精彩访谈。受访者是副警长弗·奇瓦诺夫，采访记者是该报特派记者叶夫·博加托夫。弗·奇瓦诺夫凭借多年一线工作经验，练就了洞察犯罪心理的敏锐能力。他认为，犯罪行为的根源在于人性的迷失。是的，人必须坚守善的底线，即便身处困境，任何借口都不能为过错开脱。然而，这一论断存在局限性。如果将犯罪视为具有深层社会根源的现象，情况就复杂得多。只要社会上还存在犯罪，就说明我们在道德建设和精神教育方面仍有不足。

在探讨青少年道德教育问题时，人们首先将矛头指向学校和教师，而非家庭教育。这种观点已经司空见惯。既然所有问题都归咎于学校，许多家长便认为，学校掌握着某些手段，可以解决所有道德教育的任务。他们认为，如果老师们能够正确使用这些手段，或者真正投入工作，一切都会好起来。既然学校可以解决所有或大部分问题，家庭自然就不再在教育中发挥重要作用——现在许多父母都坚信这一点。

这种错误认知已经造成了令人忧心的现实后果。如今不少父母，特别是年轻一代，将生育与教育截然分开。他们以为自己的责任仅限于把孩子带到世上，而教育则全权交由社会承担。更令人担忧的是，"社会教育"这一概念被片面地简化为学校教育，家庭教育的重要性被严重忽视。但实际上，家庭的稳固与否才是最重要的社会问题之一。这个问题将直接影响青少年的道德品质。每个人都应该深刻认识到：自己对社会的责任、为社会服务的关键，就是培养好自己的孩子。孩子的第一个教育者，也是最主要的教育者；第一个老师，也是最主要的老师，就是母亲和父亲。未来的母亲和父亲应该在中学就接受教育学知识。教育学应该成为人人都懂的科学。或许有人会认为这有些夸张，但在我看来，如果不掌握教育学基础，年轻公民就不应该轻易成家立业。

社会教育是家庭教育与学校教育的有机结合。人应该具有一种精神，那就是在自己身上展现人性的光辉，并在子女身上延续和升华——这是公民的一种高尚使命。

应当通过立法明确父母对子女的教育责任。根据这项法律的明确规定，如果孩子在身体和心理上都是健康的，父母是没有权利将孩子交给其他人来教育的。如果父母放弃对子女的教育权利和责任，这说明他们自身存在道德上的不足。在这种情况下，他们的孩子应该由社会来教育，而社会教育的场所就是儿童之家。

在过去的几年里，社会教育的本质出现了一些错误的、片面的看法，那就是"只索取、不付出"。这种风气已经深深渗透到学校的教育工作中。

正如弗·奇瓦诺夫在《关于犯罪与惩治的对话》中所指出的，这是一种"精神上的坐享其成"现象。这种现象究竟是如何产生的？这个问题深深吸引了我，让我忍不住去仔细探究。

有些人以为，只要多建一些体育场、舞厅和乒乓球桌，青少年犯罪率就会下降。这种想法未免太天真了！一个人道德的坚定以及对邪恶的抵抗力，绝不是由舞厅和乒乓球桌的数量来决定的。每个年轻人，无论男孩还是女孩，都应该有自己的崇高生活目标和丰富的精神追求。而书籍，才是真正重要的东西。

为什么青少年晚上总是无所事事？为什么他们总要找地方打发时间？为什么我们总在想着怎么帮他们消磨时光？原因就在于，他们从小就被惯坏了，习惯了别人围着他们转，想方设法逗他们开心，满足他们的一切需求。"坐享其成"的思想已经深深扎根于他们心中：有人应该为我组织活动，有人应该为我提供娱乐……

为什么青少年每天非得离开家，不是去文化宫，就是去青年咖啡馆，或者去打乒乓球？为什么他们不愿意待在家里安静地看书？为什么他们急于加入各种集体，却唯独不愿融入家庭这个集体？为什么青少年和年轻人不愿意和母亲一起去看戏或去俱乐部？所有这些问题的根源在于，在社会教育中，家庭的作用实际上被忽视了。

在探讨道德依赖现象的根源时，我们必须重视一个尤为危险的因素：谎言的氛围，或者更糟糕的是，半真半假的氛围。当一个尚未成熟、尚未形成完整人格的孩子感觉到别人对他有所隐瞒，或者说话含糊其辞时，他首先会感到困惑和难过。渐渐地，这种环境会促使他形成依赖心理：让他人为自己决策，替自己承担那些艰难的选择与责任……

我们不能将所有人在日常生活实践和社会组织活动中所犯的疏忽和错误都归咎于学校。学校只是教育体系的一部分，而家庭教育和社会环境同样重要。

教育的困境：那些难管教的孩子

唉！提及那些难管教的孩子，他们就像一面镜子，反映出教育领域中诸多亟待解决的难题，让老师、家长乃至整个社会都陷入深深的思索、忧虑与苦恼之中。近年来，社会上流行着这样一种观点："没有不好的学生，只有不好的老师。"出于谨慎，人们似乎觉得给"难管教"一词加上引号，就能规避责任。然而，教育的复杂性绝非一句口号可以概括。

难道回避对"难管教"一词的探讨，学校、家长和社会就能轻松了吗？答案显然是否定的。难管教的孩子是真实存在的，无论我们走到哪里，都无法避免会遇到这样的孩子。这些孩子由于各种各样的原因，在智慧、情感、道德发展等方面出现了不正常的现象，存在许多反常行为。

我从事教育工作已经有三十年了。在这漫长的教育生涯中，我了解、研究了七十多个难管教的孩子。我发现，其中每个孩子都有自己特别的地方和没被发现的优点，其行为问题的成因各不相同，性格特征与行为表现也存在明显差异，因此需要根据每个孩子的具体情况，采取有针对性的教育方法。

大概不止一位教师为这种情况担忧过：在课堂上，班上的其他孩子都能全神贯注地听讲，迅速且准确地完成习题，可唯独别佳，面对习题束手无策。似乎在每个学校里，都能找到类似别佳这样的孩子。他们因成绩不佳、学习进度落后等各种原因留级，从而被长久地贴上了"难管教的孩子"这一标签。此时，校长往往会责怪教师教学水平不高，而教师则会埋怨孩子上课不专心、学习不努力、懒惰成性。

　　为了帮助别佳克服缺点，教师可谓用心良苦，想尽办法增加课上和课下的作业量，还特意给别佳布置了额外的作业。然而，这些努力不仅效果甚微，反而适得其反，让别佳对学习产生了强烈的厌恶情绪。他逐渐学会了欺骗教师和家长，甚至不惜抄袭他人的作业，哪怕是自己能够独立完成的作业，也选择抄袭。

　　久而久之，别佳变成了一个彻头彻尾的懒汉，有时还会做出一些道德败坏的事情。当有教师遭遇不幸时，他幸灾乐祸，想方设法给教师增添痛苦。记得在他读四年级时的一节算术公开课上，教师玛丽娅·彼得罗夫娜为了在众人面前展示全班学生的进步，便让学生依次上台展示学习成果。轮到别佳时，玛丽娅提出了一个看似简单的问题："把十分成两等份，是几?"

　　再看别佳，他因多次测验成绩不佳而恼羞成怒，决定故意让玛丽娅难堪。他毫不犹豫地回答："是二。"

　　玛丽娅强压住怒火，依然用温和的语气提醒他："你在说什么呀?别佳，这不是开玩笑，是在上课。你好好想想，十分成两等份，是多少?"

　　别佳却变本加厉，回答道："二二得四。"他的回答引得班里同学哄堂大笑。

　　瞧，智力发育如果受到损伤，说不定还会在道德层面显现出来呢。在学校里，像别佳这样难管教的孩子屡见不鲜，他们给家长和老师带来了无尽的烦恼。亲爱的资深教育工作者们，不妨设身处地地想一想，如果有人日复一日、年复一年地对你说"你这也不行，那也落后，别人能做到而你就不行"，你又会是怎样的心情呢?

曾经，基洛夫格勒州儿童收容所所长讲述过这样一件事。他们收到学校递来的一份学生鉴定，这个学生离家出走四次。校长在鉴定中这样写道："该生在四年级已读了三年，成绩极差。之前在三年级也留级两年，对教师态度恶劣，经常以辱骂回应课堂提问。如此顽劣的学生，难道还适合继续留在学校吗？"

我真想在这份鉴定上写下一段批语，寄回给那位校长："如果让您在一年级留级三年，您不仅会骂人，恐怕还会像狼一样嚎叫吧。"

学校教师和校长所犯的一个重大过错在于，他们不愿深入探究孩子行为问题的根源。教师应当像医生诊断病情那样，细致考察每个孩子的具体情况，找出问题的症结所在。如果您是一位真正的教师，那就应该投入足够的耐心和精力，全面了解学生在智力、情感和道德等方面的发展状况。难道我们能够允许一位秉持人道主义精神的医生对病人说"您的病很重，我治不了"吗？然而，在我们的教师队伍中，又有多少人每天都在给孩子传递一种绝望的感觉，甚至残酷地直接说："你没有希望了。"教育的真正意义在于，即使一个人在各方面能力都不如他人，也要保护他们的自尊，让他们体验到认知的喜悦、思考的快乐和创造的成就感。

经过多年的教育实践，对儿童智力发展规律以及多方面精神生活的观察研究，我确信：孩子难管教、成绩差、学习跟不上，根本问题出在教育上，出在孩子小时候的生活环境里。也就是说，孩子在一岁至八岁期间，未能获得必要的思维训练，入学后往往会遇到各种困难。

最令人忧心的是，许多教师完全不了解学生的思维过程，不明白为什么有些孩子无论如何努力都掌握不了基础知识，最终师生都陷入深深的无力感。

所有与孩子打交道的人——尤其是教师和家长——都必须明白一个基本事实：孩子的神经系统发育是一个漫长的过程，从出生一直持续到十七八岁，甚至更久。而最关键的发展阶段，恰恰是一岁至七八岁。在这个阶段，人际关系对孩子的生活初期起着决定性作用，最终使一个软弱无力的幼儿逐渐成长为一个有思想、有情感、有道德的人。

大家已经知道，孩子从小被狼、虎、狮子等动物养大的案例有很多。经科学研究证实，那些回归人类社会的"野孩子"，无一例外地未能成功融入人类社会，接受正常的教育。这一令人痛心的事实，再次有力地证明了童年期智力教育的重要性。

为什么班上其他同学都能轻松解题，唯独别佳却难以完成呢？是他的智力逊色于他人吗？绝非如此。别佳和其他孩子一样，拥有约 860 亿个健全的神经细胞，具备完整的思维物质基础。那么，问题的根源究竟何在？

关键在于成长环境。如果孩子小时候的生活环境没有好好刺激他的大脑发育，也没有使他的神经系统全面发展，那可就麻烦了。因此，要让拥有数十亿个神经细胞的个体成长为既聪明又充满求知欲的人，就得从他出生开始，一直让他感受到积极的人际关系的影响。

人类思维的萌芽，始于对世界的好奇发问。在孩子们眼中，处处都是值得探究的奇迹：

蜜蜂飞到盛开的花丛中，之后又飞走了，它们飞到哪里去了呢？为什么会选择那里？

为什么有的小鸟选择在树上筑巢，有的却偏爱在屋檐下搭窝？

为什么晚上的草原看起来灰蒙蒙一片，而到了早上却仿佛铺上了一层厚厚的白色绒毛？

太阳落山之后，天上的星星为什么会闪烁呢？

……

这种永不满足的求知欲和刨根问底的精神，并非与生俱来，而是通过人际互动获得的。这就是为什么人际关系对儿童早期发展如此关键。成年人回答孩子的问题越充分，孩子的好奇心就越发强烈，对世界的探索就越加深入，由此获得的认知乐趣与成长喜悦也会成倍增长。

在孩子的大脑中，思维的火花能够瞬间点燃，创造出许多令人惊叹的想法。这是因为大脑的物质基础——无数的神经细胞正在积极地进行复杂的生化反应，神经元逐渐发展成为思维的器官。然而，如果这些神经元得不到适当的训练和刺激，它们就会处于休眠状态，导致发育迟滞，丧失可塑性。一旦失去这种可塑性，孩子的认知发展就会停滞在较低水平。如果缺乏活跃好奇的思维，孩子将错失心理发展的黄金窗口期。

孩子从出生开始，如果越晚进行智力开发和思维训练，就越容易形成思维定式，难以接受新事物和新思想。这是智力发展的重要规律。令人遗憾的是，不少教师忽视了这个重要规律，而许多家长更是对此一无所知。时至今日，仍有家长固执地认为：上学前的孩子就像一张白纸，既不需要认字，也不必看书。面对孩子的好奇提问，他们总是敷衍道："等你上学了自然就懂了。"就这样，孩子们宝贵的求知欲一次次被压制。

别佳的情况又是怎样的呢？难道他的成长过程中完全缺乏人际互动吗？实际情况是：别佳的父母因工作繁忙，将他托付给奶奶照料。这位慈爱的老人虽然竭尽所能，但由于视力日渐衰退，只能确保孩子的基本生活需求得到满足——按时吃饭、睡觉、保持个人卫生等。奶奶并不擅长给孩子讲故事，也不擅长引导孩子观察世界。别佳几乎没有和其他小朋友交往的机会，整天都是一个人玩耍。虽然他的眼睛也捕捉过许多美好的画面：比如啄木鸟在树枝间跳跃，黄蜂忙碌地工作，苹果树上偶尔飞来一只美丽的小鸟——黄鹂，还有蓝天中云雀在歌唱……但这些生动的景象就像过眼云烟，都没能在他幼小的心灵里留下印记。直到两岁半，他连身边最常见的事物都叫不上名字。

当秋天过去，冬天来临，我们再次观察别佳的生活时，会发现他的世界变得更加狭小了。他有一间宽敞而温暖的房间，房间里铺着柔软的地毯。他可以在里面自由地走动、跳跃，不用担心碰到任何硬物，也不会摔倒。从早到晚，别佳都由奶奶照顾，房间里准备了丰盛可口的食物和许多玩具。然而，不知为何，别佳很快就弄坏了所有的玩具。直到五岁，别佳才被允许到外面和其他孩子一起玩耍。但那些孩子很快就发现别佳有许多奇怪的行为。例如，别佳似乎不懂得什么是游戏。在玩捉迷藏时，其他孩子藏起来后，他找不到人，就会坐在草地上大声哭叫。如果他发现了一个人，他不是去寻找其他藏起来的孩子，而是会去抓对方的头发，或者用拳头捶打对方。

其他孩子渐渐疏远别佳，但他似乎并不在意。他常常独自坐在灌木丛下，摆弄着小树枝和树叶自娱自乐。孩子们惊讶地发现，别佳已经快六岁了，数数却还数不到五。这就是别佳的童年——像一株植物般被动地生长着。但千万不要误以为他天生智力低下。真正了解儿童认知发展规律的人都知道，别佳的智力完全正常，只是缺乏必要的开发而已。

如果别佳有幸遇到一位既聪明又懂儿童心理学的教师，情况就会完全不同。这样的教师会把低年级的班级活动变成别佳的"思维学校"。教师会经常带学生们去田野、森林和河边，向他们展示大自然的奥秘，唤醒孩子们沉睡的大脑。在这种环境中，学生们开始学会思考，提出各种问题，他们的求知欲也会逐渐得到发展和巩固。

在每一个学习的角落，特别是在一年级至三年级，应让那些难以管教的孩子与大家一起上课。这样做，那些被认为难以管教的孩子们，他们的智力发展将逐渐跟上同龄人的步伐。而最关键的一点，要确保这些孩子始终不会认为自己是无能的，也不会觉得自己是有缺陷的。

然而，有些教师和学校领导却认为，只要给那些学习有困难的学生提供更多的辅导资料，就能让他们迎头赶上。这种想法是完全错误的。我们不应该强迫孩子长时间地坐在书桌前死读书，而应该着重培养他们的智慧，鼓励他们多动脑筋，巩固他们的智力，并教会他们如何独立思考。这一点，是家长和教师在任何时候都不应该忽视的。对于那些上学以前从早到晚都待在幼儿园里的孩子，能有一位聪明而又富有知识的教师尤为重要。

探讨"难管教的孩子"这一主题，是一项庞大且充满挑战的任务。它触及了教育领域中最复杂、最棘手的层面。若对此问题采取漠不关心或消极应对的态度，最终所付出的代价将是极其沉重且难以挽回的。

拒绝以教育为名的伤害
——致"皮带教育"作者的一封信

亲爱的读者——尤其是我们的教师读者们——在阅读了 A. 布连科娃的信后，或许会这样想：这些不过是个例罢了。我们能仅凭这些就提出问题、妄下结论吗？如果信里提到的那些人能意识到自己的问题，甚至感到羞愧，这不就够了吗？

不，这远远不够。尽管我们的学校中有许多优秀的教师，他们深谙儿童和青少年的心理，但我们不能因此忽视教育领域中存在的无知和对孩子命运的漠不关心，哪怕这些情况只是个例。

我们不能忽视那些绝望的父母的求救，这同时也是孩子们的呼喊："我们该怎么办？"因为这样的呼声不只是在几十封信中出现，而是在数百封信中反复回响。

有些人，仅仅将学校视为一个储存所需知识的仓库。每天，学生们踏入这座仓库，一点一滴地汲取知识的营养。他们汲取得越少，学业成绩就越不尽如人意。那些汲取得少的人，甚至被贴上了无可救药的标签。

然而，我们不应忽视的是，我们的理念是"一切为了人的发展"，人才是最宝贵的资源。学校的使命远比传授知识复杂得多。教师，就像是站在人类成长摇篮旁的守护者。每一个人都应当被看作社会中最珍贵的财富，而社会又将这份珍贵的财富托付给了我们。我们是否真的深刻理解这一点呢？

有一次，我来到一所新建的学校教学楼办事。这座楼设计精美，设施齐全：明亮的教研室、宽敞的走廊，甚至还有紧邻体操房的现代化淋浴间。然而，就在这崭新的环境中，一个学生在墙板上不小心留下了墨迹。校长、行政副校长和值勤人员立刻围在墙板旁，忙着刮擦、清洗，仿佛这是当下最重要的事。与此同时，在校门口，有两个六年级的学生没有去上课，在那玩球。他们玩了整整一小时，而校长和教师们都没有注意到这一点。难道清洁墙板比确保学生上课更重要吗？

您会看到，学校为了避免出现一个所谓的"坏学生"，要付出多大的努力。他们为此要绞尽脑汁，竭尽全力，通过各种手段才能做到。每一个孩子，毫无例外，都是一个完整的世界——一个充满潜力、尚未被发掘和探索的世界。作为教师，我们的任务不是简单地纠正错误，而是开启这个世界，引导他们走向自我认识和自我完善。

也许我在回答"什么是教育"这个问题时，违背了科学的准确性。但在我看来，教育是对人的提升，是一项持续的、辛勤的、艰难而又充满喜悦的工作。

教育者的真正使命，在于培养出懂得尊重自己、珍视自身品德的人。如果一个孩子失去了对自己的尊重，那么他正站在灾难的边缘。

信中有一段话令人深思。

一个男孩为了不惊醒母亲，晚上悄悄起床，打开作业本，偷偷更改上面的分数……如果他在抹去不及格的分数时，还能感到一丝羞愧，那么事情或许还不至于太糟糕。可怕的是，男孩放学后，漠不关心地扔下书包，母亲询问他："今天成绩如何？"他只是冷冷地回答："您自己看吧……"有时，他甚至撕掉作业本。面对老师的质问："在哪里给你打分？"他竟会满不在乎地说："写在额头上也行……"

每一个生活在人类集体中的人，承认自己是这个集体中的一员，都渴望变得优秀，渴望被他人认可。而我们的使命，就是设法使他的这种愿望得以实现。

请您试着理解，孩子的内心世界也会经历不为人知的挫败与伤痛。比如：别人的字迹工整漂亮，而自己的却总是歪歪扭扭；别人解题轻松自如，而自己却总是"解不出来"；别的孩子被称赞为好学生，而自己却被贴上"不好"的标签，今天是这样，明天似乎也难以改变……孩子的思维能力尚未成熟，无法理解为什么自己原本和其他同学一样，现在却突然成了"不好的学生"。起初，他会感到羞愧，但渐渐地，他不再羞愧，因为他已经习惯了与别人不同。在他的心中慢慢形成了一种观念：不可能所有人都是好学生，总得有人当"不好的学生"。于是，他的心逐渐变得冷酷、麻木。我不知道，在学校里还有什么比这更令人痛心的事了。

在教育的过程中，我们应该善用智慧和善良。然而，如果在面对孩子的种种问题时，我们选择用皮带来解决，那么正如 A. 布连科娃所描述的那样，悲剧只会更加深重。

时至今日，仍有一些家长相信，皮带比温和的言语更有力。他们认为学校是培养高尚品格的地方，却忽视了家庭的作用。然而，我们必须不遗余力地揭露对"皮带教育"的盲目崇拜，并以坚决的态度杜绝这种手段在家庭中的使用。

但 A. 布连科娃说得对，问题在于，有些教师在这方面"理论上"并未比父母进步多少。

如果我知道我的学生瓦尼亚的父亲唯一的"才能"是生孩子，而我却将这位"聪明"的父亲叫到学校，对他说："你们的瓦尼亚是个懒汉，不想学习。"那么接下来会发生什么呢？显而易见，我作为一名本不应挑拨离间的教师，却间接地用父亲的手打了孩子。我成了这场悲剧的共犯。

我见过不少自诩为知识分子的人，尽管他们受过良好教育，却依然坚信：不打孩子，孩子就会变得软弱，甚至会被宠坏，导致他们无法适应生活。然而，皮带惩罚不仅伤害了孩子的尊严，还腐蚀了他们的灵魂，让他们滋生出最卑劣的品质：虚伪、懦弱、仇恨和伪善。事实上，那些最坚定、最不妥协地反对邪恶的人，往往是那些在童年从未经历过打骂或体罚的人。

大约十五年前，一个女孩来到我的学校。她是个充满想象力的孩子，总能创造出令人惊叹的童话故事。有一次课间，奥列莎——大家都这样称呼她——跑到我面前，眼中满是恐惧，结结巴巴地说："佩佳给了格里沙……一棍子。"原来，在她的字典里还没有"打"这个词。

她不理解一个人怎么可以打另一个人，可见她的童年过得非常幸福。那么，这种"无知"会不会让她在进入社会时毫无准备呢？事实恰恰相反。当她十九岁时，有一次看到一名流氓举起尖刀刺向一位妇女，这位十九岁的女大学生毫不犹豫地夺下了尖刀。她虽然受了伤，却成功地救了那位妇女一命。

皮带不仅切断了成人与孩子之间的精神纽带，也让父母和教师所有的教育努力化为泡影。那么，我们究竟该用什么来替代皮带呢？如果在孩子年幼时，我们依赖暴力手段，试图通过打骂来"教育"他们，那么到了青少年时期，我们还能用什么来引导他们呢？要知道，如果孩子在童年时期习惯了皮带的威慑，他会逐渐对体罚麻木不仁，对苦口婆心的劝告也充耳不闻。最终，父母的威信和权威将荡然无存，孩子也会变得我行我素，不再受任何约束。

有些教师，由于教育水平低下，或者无法控制情绪，转而使用精神上的"皮带"来对待学生。这种现象是绝对不能被容忍的。

我们必须尊重孩子，不能去凌辱他们，更不能使用任何"强力"或"震慑"的体罚手段。比如，大声呵斥、用力敲桌子、威胁恐吓……这些行为都是不可取的。

当然，这并不是提倡放任自流，正如有些人一听到"尊重""敏感""真诚"这些词，就觉得是在说教。我相信那些所谓的"强力"手段与真正的教育要求是背道而驰的。如果你对孩子提出许多要求，他却对自己的能力毫无信心，而你作为教师也接受了"这个学生很差劲、一无是处"的想法，那么你的努力就像试图在沙滩上划船一样，徒劳无功。

学校不是知识的仓库，而是智慧的明灯。并非所有孩子都有相同的才能，学校最重要的任务是培养他们的能力。

如果学习本应该带来成长的喜悦和探索知识的快乐，而孩子却感到痛苦和恐惧，我们怎能对此视而不见呢？这种恐惧和痛苦往往源于他日复一日地感受到

"我很差劲"。

我曾经收到过这样一封信：

> 我的女儿学习成绩不好，总是考得很差。她每次回到家都闷闷不乐。有一天晚上，我被她的哭声惊醒了。"怎么了，宝贝？"我问她。她边哭边说："妈妈，我们能不能搬到一个没有学校的地方去？"……

在教育中提升一个人，就意味着，我们任何时候都不要忘记，我们面对的是一个思想尚未成熟的儿童。有些孩子的思维像奔腾的河流，灵动而迅速；而另一些孩子则可能显得迟缓一些。不要急着给低年级的孩子下结论。一般来说，尽量不要给低年级的孩子打低分，因为那就像用鞭子和棍子打他们一样，会让他们很受伤。我们不能扼杀孩子渴望变得更好的愿望。

我们学校在低年级教学里有个规定：如果孩子完成的某项作业没达到要求，不要直接打分，而是要对孩子说："你再试一试，你肯定能做出来的……"在"想做好学生"的愿望驱使下，孩子一定会集中全力去完成任务。这就是真正严格要求的开始。这个小小的个体，会聚集起无穷的力量，一步步爬上更高的台阶。他从学校带回了喜悦，而不是偷偷起床涂改作业本上的分数。我们没有让他经历羞辱，甚至没有让他经历挫折，也没有使用任何"强硬"的手段。

当然，这并不意味着孩子可以带着低分从一个年级升到下一个年级。那将是最残酷的冷漠。我主张唤醒孩子的自尊心。如果孩子有了这种自尊心，他就会主动用教师提出的要求约束自己。

学校是发展最复杂的人际关系唯一的地方。这种复杂性源于学校正在进行着一项伟大而艰巨的任务：塑造人。这项工作既充满欢乐，又伴随着痛苦，因为它不仅关乎知识的传递，更关乎人格的塑造。

教育的真谛，在于用创造者的眼光去看待每一个学生，见证他们的成长与蜕变。

保护孩子心灵的纯洁：抵御教育中的隐形伤害

生活中有时会发生一些看似无法用常理解释的事情。有一所学校就发生过这样一件事。

这是一所典型的乡村小学，四年级共有 24 名学生。任课教师常常半开玩笑地说："我太了解这些孩子了——只要走进教室扫视一圈，从孩子们的眼神就能判断出：今天谁认真完成了预习，谁能获得'优秀'，谁可能只够得上'中等'。"

班级里，有几位学生解题既迅速又准确。其中，有个名叫米沙的男孩，他天赋出众，是女教师引以为傲的学生。米沙的解题能力令人惊叹，他甚至不需要把题目的条件写下来，只要听一遍，就能在心里迅速算出答案。毫无疑问，米沙总是能拿到"优"等成绩。同学和教师都对他出色的解题能力赞不绝口，米沙听到这些称赞，自然也有些沾沾自喜。

然而，班里还有另一个学生，名叫尼古拉。他的解题能力也很不错，但速度有点慢。有时他能得到四分，但大多数情况下，女教师只给他打三分，原因就在于他解题的速度太慢了。

不过，有一天，发生了一件出人意料的事情。女教师口述了一道复杂的算术题，然后把尼古拉叫到黑板前。尼古拉表现得从容不迫，他逻辑清晰地复述了题目的条件，然后用口述的方式，将题目解答了出来。全班同学都被他的表现惊呆了，仿佛被施了魔法，一个个目瞪口呆。这是尼古拉在四年学习生涯中第一次得到五分，女教师也为他的出色表现感到惊喜。

突然，教室里传来一阵轻轻的啜泣声。同学们纷纷抬起头，惊讶地发现：米沙正伏在课桌上，肩膀微微颤抖。教师立刻明白了，此刻米沙幼小的心灵正经历着一场挣扎——嫉妒如阴云般笼罩在他心头。他无法接受这样一个事实：如今，在算术上表现出色的，不再只是他一个人了。

这件事让女教师深感不安。她带着满心的忧虑来向我咨询。我们思考了很长时间：米沙究竟是从何时开始，滋生这种嫉妒心理的？毕竟，这个男孩一直生活在充满关爱的环境中，他的知识和能力也总是得到公正的评价。

然而，即便如此，心理的失衡还是悄然发生了。这个不寻常的事件让我深思良久，最终得出了一个结论：某些负面的心理倾向往往隐蔽得难以察觉——它们并非来自明显的恶意，而是伴随着那些细微的、扭曲心灵的环境因素，悄然包围着孩子。

这引发了一个关键问题：我们该如何守护孩子纯净的心灵？不妨打个比方：如果在一片肥沃的土地上，不去栽种作物，不用辛勤的汗水去浇灌它，那么土地上很快就会杂草丛生。尽管没有人刻意播下杂草的种子，但它们依然会肆意生长。人的心灵也是如此。在孩子的童年和少年时期，若不用善良与美德去滋养，不良的倾向就会自发滋长。邪恶的种子是如此微小、难以察觉，有时甚至要等到它扎下深根、冒出头来，教师才会意识到问题的严重性。我的教育体系中有一个重要的原则：要像勤恳的园丁一样，时刻守护孩子心灵的土壤，不让任何有害的种子有落地的机会。

那么，那些邪恶的杂草是如何滋生的，又是如何悄然落入孩子的心灵的呢？

我们又该从何处着手，守护孩子心灵的纯洁呢？

1. 要防范心灵的空虚，避免一个人的心灵没有任何神圣的、坚定不移的信念

心灵的空虚是最可怕的心理邪恶来源之一。只要对他人漠不关心，对他人的生活不感兴趣，即使没有有害的环境，这种邪恶也足以在儿童和少年的心灵中扎根。心灵空虚的人，失去了最宝贵的幸福——行善的幸福，以及用自己的心灵力量与邪恶抗争的幸福。他们仿佛被蒙上了双眼，在世间行走，既看不到自己身上的善良，也感受不到自己的尊严。守护孩子的心灵，意味着要关注如何在孩子的心灵中树立起坚定的、神圣的信念。对孩子来说，这种信念就和他们的生命、荣誉、良心一样珍贵，也和家庭中的幸福和关爱一样不可或缺。

为了保护孩子的心灵纯洁，我们需要在他们的心灵中树立以下神圣的信念：

相信善：相信人是善的创造者，不仅为自己，也为他人创造幸福。相信人最大的幸福在于为他人创造善。

相信劳动的力量：相信劳动是伟大而神奇的，通过劳动，人可以创造自身的美。

相信自己：能够看到自己身上的善良和智慧，为自己的劳动成就感到骄傲，为用劳动为他人创造幸福感到自豪。

相信社会的理想和道德：相信我们所追求的理想与坚守的道德，相信那些塑造了当下并指引着未来的伟大真理。相信自己是拥有无限潜能与创造力的主宰者，而非在命运的旋涡中漂泊的渺小尘埃。

在孩子们心中树立这样坚定的信念，绝不能仅靠漂亮的口号。真正的思想教育，是要把这些理念转化为实实在在的行动、日常的活动和具体的实践。只有当这些思想真正契合孩子的个性特点、兴趣爱好、内心愿望和人生追求时，才能变成他们最珍视的人生信念。要防止不良思想在孩子心中生根发芽，就必须让孩子通过自己的实际行动来建立和维护善良的品格。

因此，在教育工作中，孩子的行为表现和道德品质具有极其重要的现实意义。我认为，应该鼓励孩子通过自己的言行举止来认识自我，在实际行动中感受思想的脉动和心灵的热忱。在幼小的心灵里播下善良的种子，这件事看似简单，实则是教育工作中最具挑战性的任务。如果教育者在这方面取得了显著成效，那么可以确信，他的学生们必将始终走在正确的人生道路上。

但要让孩子真正建立起善良的信念，我们必须引导他们亲眼见证自己创造的善行，让他们的心灵沉浸在帮助他人的喜悦中。只有当孩子所做的善事真实地反映了他的本性、展现了他的个性时，善良的信念才会成为他最宝贵的精神财富。我深信，教育工作的最高境界，就是让受教育者在良知的指引下自然而然地行善，就像口渴的人见到清泉会本能地畅饮一样，要让行善成为他们发自内心的自觉行动。

2. 要警惕对他人冷酷无情，更要防范由此催生出的极端利己主义思想——"我可以为所欲为，只要对我有利就行，别人怎样与我无关"

人是这个世界上最令人惊叹、最复杂、最美丽而又最不可思议的存在，是我们周围一切事物中最珍贵的瑰宝。要认识世界，并在这个过程中使自己变得高尚起来，首先就要认识"人"这个最伟大的奇迹。一个人举起手去伤害另一个同样拥有灵魂、思维和丰富精神世界的生命，这种行为的悲剧性在于，施暴者从未想过他究竟向什么伸出了手，从未真正理解"人"所蕴含的深刻意义。那么，如何才能让孩子将自己的思想、感情、整个内心世界的财富，视为最珍贵的东西呢？凭借多年的教育工作经验，我认为，教育的本质首先在于理解人、认识人。孩子在周围世界中首先应该认识的就是人。不管孩子与他人相识多久，他总能在别人身上不断发现新奇、美好、让人惊叹的东西，并且对人的伟大与复杂始终充满惊叹。对人的认知过程应当贯穿学生的整个学校生活，以及他们与周围人的交往之中。这不仅是教育的重要使命，还是确保儿童心灵免受伤害、远离邪恶的关键所在。

要真正触动孩子的心灵，让他们深入地认识他人，这需要高超的教育艺术和深厚的知识。

作为一名教育工作者，我始终致力于培养孩子建立良好的人际交往的态度：既要保持真诚热情，又要把握适度分寸；既要尊重他人内心最细腻的思想情感，又要将这些品质内化为日常行为的基本准则。同时，我也着力在班级集体中营造相互尊重、真诚相待的人际氛围，让孩子们学会用温暖而不失分寸的方式相处。从幼年开始，就要让孩子明白一个简单而深刻的道理：每个人都有追求幸福的权利，无论是小孩子、成年人还是老年人。尊重他人，意味着永远不要粗暴地触碰他人最敏感和脆弱之处。

那么，我们该如何在日常生活中培养孩子这些细腻的心灵品质呢？关键在于从小引导孩子敏锐感知那些能触动心灵的美好事物——语言、艺术和情感记忆，这正是塑造精神世界最温柔的途径。孩子的心灵对语言极其敏感，就像小提琴的琴弦能精准捕捉每一个音符的震颤。语言是一种强有力的工具，能够守护孩子的心灵，使其免受粗暴、无情、愚钝和麻木的侵蚀。那么，如何运用这种微妙而强大的工具呢？作为教师，我们要特别重视用语言描绘人类丰富的精神世界。我一直在寻找那些能让孩子理解人性微妙之处的词语。

经常会有这样的场景：某个孩子正沉浸在悲伤之中，而周围的孩子们却毫无察觉。若不教导孩子们用心去了解他人，他们便永远不会留意到这些情感的细微变化。而心灵正是通过语言被唤醒的。为此，我会通过讲述关于悲伤的故事，帮助孩子们理解人类情感。事实上，孩子天生就具备出色的换位思考能力，能够自然地代入他人的处境。但值得注意的是，这种与生俱来的能力需要语言的引导才能被充分激活，否则可能长期处于休眠状态。而珍贵的同理心，正是从这种被唤醒的能力中生长出来的。当孩子学会感同身受，他才能真正理解尊重他人的意义，懂得珍惜他人的感受。这种能力赋予他敏锐的洞察力——即使没有语言交流，也能准确感知他人的情绪状态，深切体会他人的痛苦、焦虑和悲伤。比如，当一个孩子连续几天见到同一个人时，他会开始注意到对方精神状态中那些微妙的新变化。培养这种情绪觉察能力意义深远：它不仅丰富了孩子的情感世界，还能让他的内心变得愈发细腻而温暖。

孩子不仅要用头脑记忆，更要用心去感受。他不仅要记住自己亲眼见过的事物，更要铭记亲身经历的情感体验——特别是自己如何对待他人的痛苦、忧愁和不幸。培养和陶冶孩子的情感记忆，是教育艺术中极为重要的一个方面。从孩子踏入学校的第一天起，我就教导他们用心去感受最亲近、最亲爱的人——母亲、父亲、爷爷、奶奶的心情。我运用语言中丰富而细腻的词汇，引导孩子感知母亲、父亲、爷爷、奶奶等亲人内心深处的微妙情感——那些难以言说的焦虑、隐忍的不快、深藏的痛苦等上百种心境变化。即使是最亲近的人，往往也不会直接表达这些情绪，但孩子需要学会主动觉察。

当母亲下班回家时，我会教导孩子，要用心去感受她的情绪是好还是坏。母亲回家时的眼神、动作以及对自己的态度，都会透露出她内心的情绪——是平静还是焦虑，是快乐还是忧愁。孩子应该根据母亲的精神状态调整自己的行为。尤其对于步入暮年的爷爷、奶奶，孩子应该特别关注他们心情的变化。我努力让孩子不仅理解，更要用心去体会那些年长者已进入人生的黄昏阶段。对爷爷、奶奶的心情保持敏锐的感知，这是儿童和少年情感修养的最重要标志之一。我尽力让孩子与爷爷、奶奶有共同的精神兴趣，让他体会到"人需要人"这一最重要的精神，将家中最小的孩子和最年长的长辈紧密地联系在一起。

3. 守护童心：抵御利己主义和个人主义的侵蚀

儿童利己主义的种子，往往在人生最初几年就已埋下——那时孩子的心灵最为敏感，也最容易受到外界影响。在这个关键时期，有些孩子会将自己视为世界的中心，他们所有的情感体验、对人对己的态度，都完全取决于个人欲望是否得到满足。哪怕是最微小的愿望受阻，都会引发他们强烈的痛苦反应；与此同时，他们对身边人的喜怒哀乐却麻木不仁，既看不见亲人的悲伤，也感受不到他人的不幸。这种自私的心态正在扭曲着儿童纯真的心灵。利己主义者眼中的人，只是满足其个人享受的工具，或者无关紧要的路人。他们看不到每个人都有丰富的内心世界，感受不到他人的思想、情感和理想的价值。

利己主义的种子并非历史遗留的糟粕，它可能在任何土壤中生根发芽。即便是最理想的家庭环境——父母品德高尚、热心公益、富有同理心——也可能培养出极端自私的子女。我把这种利己主义称为精神上的自我堕落，当孩子将世界视为满足个人欲望的游乐场，而家长又疏于引导时，这种扭曲的价值观就会在孩子心中悄然滋生。这种可怕的恶习得以传播并根深蒂固的主要原因，首先是大人的放纵。他们让孩子整天沉溺于享乐，只关注个人的幸福，却不敢让孩子正视他人，不敢告诉他们每个人都有追求欢乐和幸福的权利。

如何守护童心免受利己主义的侵害？根治利己主义的基本方法，就是教会孩子控制自己的欲望。家庭教育应从孩子懂事时开始，让孩子意识到他生活在人群中，每个人都有自己想要满足的愿望。我们告诉年轻父母：要让孩子学会尊重他人，首先要教会他们尊重他人的愿望、兴趣和追求。当孩子进入学校后，这种尊重意识的培养更为重要。在认识世界的过程中，个人愿望与他人的需求必然会产生交集和碰撞。为了构建和谐的生活，每个人都应当学会调节自身愿望，使之与他人的合理诉求相协调。

我通过生动、易懂的例子向孩子们解释这一切。更重要的是，我利用各种生活情境，让他们学会在欲望、利益和追求的交织中找到正确的方向。

每天上学路上，孩子们都会经过校园旁那片盛开的秋菊。看着那些娇艳的花朵，或许每个孩子都曾动过摘下一朵的念头——只为拥有片刻的美丽与欢愉。但请大家设想一下：如果每个人都随心所欲地采摘，这片花坛将会变成什么模样？很快，这里将只剩下光秃秃的枝干，再也看不到鲜花的倩影。这就是放任欲望的后果——美好的事物会消失，生活的和谐会被打破。

于是，我告诉孩子们一个生动的比喻：我们心中的愿望就像一只名叫"我想要"的小鸟，当它在蓝天自由翱翔时，总会遇见它的伙伴——"不可以"。这两只小鸟相遇时，往往需要"我想要"乖乖回到巢中。这就是人生的重要一课：学会在适当的时候，把"我想要"这只小鸟留在心里。

在这个纷繁复杂的世界中找到平衡——在"我想要""不可以""能够"和"必须"之间做出恰当选择——需要培养孩子对他人的同理心，理解和谐共处的真谛。每个孩子都应当成为这种和谐的共建者，这正是培养他们理性思考和情感认知的重要途径。和谐生活之所以美好动人，恰如勤劳的蜜蜂为蜂巢辛勤采蜜，每个人都在人际关系中播撒善意的种子。我们社会的道德规范，正是由这一点一滴的善意汇聚而成的。

试想，若人人都吝于付出这份善意，社会生活必将陷入混乱与痛苦的深渊。因此，我们要教导孩子：维系社会和谐，需要每个人持续奉献自己的善意。这其中蕴含着一个重要法则——从集体中获取的，永远不要超过你所付出的。一旦打破这个平衡，勤劳的蜜蜂就会变成贪婪的雄蜂。

4. 守护童真：抵御冷漠的侵蚀

与防范利己主义同等重要的，是保护孩子纯洁的心灵免受冷漠的毒害。冷漠实则是利己主义的孪生姊妹，它的萌芽往往始于父母一句看似无心的叮嘱："管好自己就行，别多管闲事。"这看似无害的漠不关心，如同一颗种子，悄然播撒在孩子心间。当母亲告诫儿子："看到别的孩子打架，赶紧走开，别掺和。"渐渐地，这个孩子不仅对个别同学的顽劣行为视若无睹，甚至对欺凌弱小、侮辱无助同学的恶行也无动于衷。

这印证了一个深刻的心理规律：当人一旦对某件事选择视而不见，那么很快他就会对世间万物都漠不关心。他们对任何事情都不会焦虑，也不会用心去关注。冷漠会让孩子的心灵变得空虚，让利己主义者那本就贫瘠的精神世界愈发荒芜。他们活着，正如作家陀思妥耶夫斯基所描述的那样："只为自己的肚子。"

冷漠是利己主义结出的恶果。一个冷漠的人心中没有理想与信仰，昨日崇拜之物今日便可践踏。冷漠，是冷酷残忍、麻木不仁、无情主义的亲姐妹。这样的人既无挚友，也不懂亲情，更不明白什么是人与人之间最本真的需求与羁绊，什么是真正的友谊和人与人之间的真诚，更不知孩子对父母和父母对孩子的义务为何物。冷漠终将导致道德的全面沦丧。

守护童心免于冷漠，关键在于激发每个人内心最美好的一面。对孩子而言，生活中必须要有能触动心弦的事物。他们对善恶的反应，正是精神成长最精微的体现——在这里，社会理想与个人追求相互交融，道德信念得以产生并确立。睿智的教育者从不会让孩子错过那些能让他们感到欢悦和惊叹的事物，也不会忽视那些可能引发他们不满和气愤的事情。真正的教育艺术，就在于引导孩子不仅用眼睛看世界，更要学会用心感受。

5. 守护童心的纯净：抵御虚伪、欺骗、伪造的侵蚀

那些为了"走形式""做总结"而生的虚伪与欺骗，如同遮蔽真相的浓雾，它们颠倒黑白，扭曲事实。这些行为正在悄然滋生卑鄙、伪善与冷漠的种子。当孩子目睹大人们为了迎合他人而伪装，他们对真理的信任会一点点地流失。在他

们眼中，生活不再有神圣不可侵犯的准则，取而代之的是一种扭曲的认知：人们都在口是心非，都在努力讨好那些掌控他们命运的人。而那些溜须拍马、阿谀奉承的行为，正是虚伪与欺骗孕育出的怪胎。

要守护孩子心灵的纯净，就必须揭露那些虚伪、虚假和欺骗的行径。这些行为或许在成人世界里屡见不鲜，但对孩子来说，他们所见所感的一切，要么会让他们心生质疑，要么会让他们逐渐对虚伪习以为常。例如，有的学生明明成绩平平，却因种种原因被拔高分数，顺利升入高年级；学校绿化工作才刚刚起步，媒体就大肆吹捧其成果。这些行为，如同在孩子心灵的净土上播撒的劣质种子，一旦生根发芽，就会结出溜须拍马、口是心非、阿谀奉承的恶果，使人像更换手套一样随意改变信念。

守护孩子心灵的纯净，意味着要用真理去教育他们。真理，应当成为教育的准则。无论何时，教育者都应唤醒孩子心中对谎言、虚假和欺骗的厌恶。

如何从孩子入学的第一天起，就让他们的心像清晨的露珠一样纯净，这是我最为关注的问题。守护孩子心灵的纯净，堪称一门深奥而伟大的教育艺术，也是一种复杂的劳动。正是这种复杂的劳动，将孩子的智慧与纯洁情感完美融合。在我看来，孩子内心最美好的品质，正是源于他用智慧和心灵去认识世界，并能对他们所见所闻做出真实、生动且充满情感的评价。孩子对周围世界的思考，往往伴随着最初的情感冲动，而这些思考和冲动，永远是最纯净的。

如果你能用真理和对虚假、欺骗的憎恨去教育孩子，那么你永远不会熄灭他们内心那纯净而崇高的激情。

教育者必须格外细心，确保那些谎言、虚假和欺骗不会出现在任何教育活动中。劳动与真理，这两者是相互补充的强大的教育力量。在这里，对每个孩子劳动能力的真实客观评价至关重要。教师必须牢记，孩子的智力劳动成果（他们的知识、在特定阶段完成的学业）并不能完全反映他们付出的努力。往往有这样的情况：有些孩子并没有付出太多努力，却获得了优异的成绩；而另一些孩子虽然非常努力，克服了重重困难，却只得到了一般的分数。这种不正常的现象，是因为评分体系只关注学生的天赋，而忽略了他们付出的努力和坚持的毅力。如果深入分析学生的学习动机，我们会发现，这种评分体系是学校教育的一个重大缺陷。那些努力却得不到高分的孩子，会逐渐感到屈辱，甚至产生愤恨，表现出不健康的依赖性和对自己能力的怀疑。而那些轻易得到高分的孩子，则会变得自高自大。

那么，如何保护青少年的心灵免受这种伤害呢？怎样才能在关注孩子实际能力的同时，让分数真实地反映他们的付出与努力？正如优秀教师的经验所证明的那样，唯一的解决办法，是根据学生的不同能力进行个性化的学业安排，并采用细致、巧妙且适度的评价方法。对于能力较强的学生，可以提出更高的要求，例如在独立完成数学或语法作业时，可以给他们布置一些复杂的题目，让他们努力思考，从而真正开发他们的智力。要让能力强的学生明白，高分并非永远属于他们；也要让能力较弱的学生明白，他们并非只能做简单的题目。能否做到这一点则完全取决于教师的教育素养。

对智力劳动的正确评价可以促进智力的发展。对于那些昨天还不能完成中等难度题目的人来说，也许今天他们就会尽自己最大的努力去尝试更难的题目，并争取成功。保证劳动评价的客观性，其必要前提是在学生集体中进行公开评价。

6. 要避免孩子懒惰、散漫以及学习上的粗枝大叶

在我看来，懒惰堪称心灵的沉睡。它会腐蚀人的心灵，使人变得无所作为；即便有时孩子能在外界强迫或监督下完成任务，那也仅是出于无奈。学生在精神层面缺乏自我驱动，不愿主动提升作业质量，这种种懒惰的表现往往在学习初期就已显现。正是因为这种懒惰，孩子对于亲手完成的作业质量，持漠不关心的态度。

懒惰对孩子的伤害在于，它剥夺了孩子内心最宝贵的精神动力——灵感。而灵感正是激发孩子通过劳动点燃心灵之火的关键。在孩子心灵中唤起对劳动的热爱，使其在创造幸福和精神生活方面更加充实，这是一门细腻且重要的教育艺术。这种艺术不仅能预防孩子陷入单调乏味的生活，还能纠正他们将劳动视为负担的错误观念。

在学校生活中，懒惰的根源往往在于思想的懒惰。要知道，无论是书本知识的学习，还是校内的实践劳动，任何一种劳动都与精神生活紧密相连，思想如同

一条红线贯穿始终。灵感源于思想的迸发，而思想中又蕴含着劳动中自我实现的愿望。没有这种愿望，孩子就无法成为热爱劳动、富有创造力的人。

举个例子：我曾看到四年级学生尤拉在写作文《温和的初秋》时，费了很大劲却写不出来。因为他脑海中没有关于秋日景象的生动画面，自然也就无法用语言描绘出来。就在那一刻，他心中暗想：要是能轻松地舒一口气，放下笔，冲出教室该有多好啊！一种不愿写作的念头瞬间笼罩了他，让他感到压抑。然而，我清楚地记得，每次尤拉去森林或田野——那些语言和思想的发源地——观察自然现象时，他总是兴趣盎然，眼中闪烁着思维的火花，内心无比兴奋。我努力回忆那些激发尤拉兴奋的自然画面，试图用它们来激发他写作的灵感。我走到尤拉身边，轻声对他说："想想看，在那个秋天的清晨，你看到了野菊花瓣上的晨霜……你还记得吗？太阳升起后，它是如何融化菊叶上晶莹的霜，又如何在花瓣上凝结成闪耀的露珠……"

孩子的眼中闪烁着明亮的光芒，我注意到他正沉浸在回忆中——那个宁静的秋日清晨的画面渐渐在他脑海中清晰浮现。此刻，他完全忘却了最初想要草草完成作业的念头。这幅生动的画面通过语言的描述被唤醒，激发着他的思维，促使他拿起笔开始书写。对孩子而言，面前的不再是一张空白的作业纸，而是一块等待创作的巨大画布，作为"小画家"的他正用笔尖描绘着眼中世界的美好。这就是灵感的魔力：它诞生于活跃的思维变化中，是一种能紧紧抓住心灵的思考过程，这种内在动力让孩子忘记这是作业或劳动，真实地改变着人的状态。就在刚才，尤拉眼中还是麻木和漠然，仿佛听天由命；而现在，他的眼神和表情都变得生动鲜活——灵感给他的学习带来了成就感和喜悦，这种转变如此真实而深刻。

我认为，我最重要的任务之一，就是让每个孩子都能在求知的过程中体验到灵感。灵感是自主、充满精神追求的智力活动和学习愿望的源泉。教师有无数种方法可以为孩子点燃灵感的火种。无论是完成语法练习、朗诵诗歌，还是解答数学题，各种形式的学习活动都应该充满这种灵感的跃动。

灵感同样是体力劳动中抵御懒惰的强大力量。孩子抗拒劳动往往是因为缺乏思想动力，而有些老师却试图强迫他们劳动。要知道，没有思想的激发，单纯的体力劳动难以产生真正的创造力。即使是最单调的体力劳动，也蕴含着培养创造性思维的契机。

我们一定要用思想中激发的灵感去召唤双手投入劳动，让劳动成为思想与双手协调一致的"魔法"。在每一种劳动中，我都在努力寻找双手的干劲与思想灵感相连的"纽带"。智力活动与体力劳动的有机结合，是一个值得深入探索的重要教育命题。

7. 虚荣心是侵蚀儿童心灵的隐形毒药

孩子过分追求他人认可，渴望在集体中获得特殊待遇和表扬，这些无疑都是孩子心灵中的一种不健康倾向。这种现象有时是由学校的生活作风本身引发的，特别是当教师过度强调外在表现，忽视学生内在精神成长时，这种病态心理就会悄然滋生。

在虚荣心的驱使下，教育中出现了过于追求分数的怪象。有的教师甚至不等学生作答，就预先给出评分。这种不切实际的过高评价，不仅会让学生对自身能力产生错误认知，更会助长自私自满、轻视他人的不良心态，最终导致思想怠惰、兴趣匮乏。虚荣心，实则是冷酷与残忍的另一种表现形式。

这种心理会带来怎样的后果？有一个真实的例子足以说明。一位四年级的小女孩在校园里捡到了二十戈比，她毫不犹豫地交给了教师，并希望找到失主。教师当着全班同学的面表扬了她，学校墙报上刊登了她的事迹，甚至还附上了照片，校广播室也进行了报道。然而，一周后，又有两个女孩来到女教师面前，一个拿出十戈比，另一个拿出五戈比，也交给教师，希望得到同样的表扬。但这次，教师没有夸奖她们。两个小女孩感到委屈，不解地问："为什么我们的事迹不能登上墙报呢？"经调查发现，这两个小女孩并没有捡到钱，她们只是想用自己的钱来换取表扬。

教育工作者常常出于善意，力求抓住每一个机会进行教育引导，对那些本不需要进行道德评判的行为也要做出好坏之分。他们把正常人际关系中再自然不过的行为都拿来大加赞赏：帮老人过马路要表扬，给生病的同学送作业要表扬，连孩子给母亲送节日礼物也要表扬。不仅要在学生面前夸奖，有时还要特意在家长面前夸奖。就这样，他们不知不觉间培养出了一种放纵的东西——虚荣心，这东西在孩子心里牢牢地扎下了根。

我们必须将虚荣心从学校中彻底驱逐出去，这需要我们对知识评价和才能培养采取审慎而理智的态度。为什么在学校和班级中总是要刻意突出一部分学生，将"才能出众"的标签贴在他们头上呢？在这里，我们有必要反复强调：才能出众的学生应该接受更具挑战性的任务，而那些被认为才能一般的学生，也应有机会在某一方面取得好成绩。总之，才能的形成和发展是一个动态的、多样的过程，充满活力和可能性，这才是在培养才能的过程中对虚荣心最有效的抵制方式。

我们不应过度评价学生在学校所做的一切，尤其是在中年级和高年级班级中。学生所完成的大部分智力工作，不应仅仅是为了获得分数，而应源于对知识的渴望。

对待道德方面的奖励，更需格外谨慎，力求让学生的行为出于内在动机和良心的驱使，而非为了获得奖励。

8. 预防孩子的"幼稚病"

我所说的"幼稚病"并非指生理发育问题，而是一种精神和道德层面的不成熟，我们称为"延滞的童年期"。在学校里，我们常常会看到一些十五六岁的青少年，他们身体发育已经接近成熟，但在道德和劳动发展方面，却还停留在十一二岁孩子的水平。在一所学校里，一群十六岁的学生，在初冬时节，被派到农庄果园帮忙，任务是摘掉布满蛾卵的树叶。当时天气晴朗无风，气温仅零下三摄氏度。在这样的环境下，同龄的建筑工人可以连续户外作业六小时，而这些学生却连一小时都坚持不了，他们因天气寒冷便丢下手中的活儿，匆匆跑回学校取暖。这种行为是劳动和道德方面典型的"幼稚病"。

这种发展迟滞表现为：幼稚型的无能、缺乏自我保护能力、缺少劳动锻炼，以及不善于克服困难，最终导致思维方式的幼稚化。我曾听到几个十六岁的女生讨论托尔斯泰和屠格涅夫作品时，她们对小说中涉及的社会问题的理解显得出奇地幼稚，思考问题的角度十分狭隘，面对作品中反映的复杂人生现象时，她们表现出孩子般的无知。

"幼稚病"是一种不幸，它禁锢人的思想活力和创造潜能，将人的社会活动局限在狭隘的天地之中。

那么，我们该如何预防"幼稚病"呢？最关键的一点是，要让道德成熟和劳动成熟统一起来，将个人的体力锻炼和精神锻炼结合起来。如果一个学生总是回避困难，选择轻松的任务；如果他从未经历过挑战，从未为完成某件事而流过汗，手上从未磨出过水疱，那么他将永远无法达到精神、道德和劳动方面的真正成熟。

为了实现道德与劳动的统一，十二三岁的青少年应该承担一些需要付出紧张的智力和体力的工作。到了十五六岁，他们则需要付出更大的努力，承担接近成年人劳动强度的任务。少年时期，他们可以在不太寒冷的户外完成一些力所能及但并不轻松的劳动；而十五六岁的青少年则需要在零下十至零下十五摄氏度，甚至在暴风雪中劳动，如从田野里将饲料搬运到饲养场。只有让青少年亲身体验真正的劳动，他们才会明白：不克服困难，就无法生活。

这种体验是道德成熟与劳动成熟的关键标志。人只有在青少年时期学会真正的劳动、克服各种困难，才能像成年人一样思考，而不是停留在幼稚的孩童阶段。

第四章

▼

人要在世界上留下
自己的痕迹

父母该在孩子心灵刻下怎样的印记

幸福与不幸福的家庭

世间再没有比母爱更炽热的爱，再没有比母亲的呵护更温暖的爱，再没有比母亲那彻夜难眠、忧心忡忡的牵挂更让人揪心的了。

儿女们啊，要懂得感恩……对年迈的父母而言，最大的欣慰莫过于子女懂得他们为儿女的幸福付出的一切。

对于父母来说，最深的痛莫过于发现自己的子女变得冷漠无情，忘记了所有的幸福都是父母给予的。

在民间的道德观念中，"不孝之子""不孝之女"是对不孝行为严厉的谴责。我在中学工作了三十二年，见证了无数学生从青涩少年成长为父母，他们的命运在我眼前一一展开。生活让我坚信，我们应该向劳动人民学习，培养纯洁而高尚的品德，从他们永不枯竭的道德源泉中汲取真正的人性、深厚的友谊和亲情的力量。劳动人民会毫不留情地谴责那些忘恩负义的行为，以确保子女的爱和忠诚得以升华。现在，我想讲一个发生在我们村的真实故事。

有两位母亲，一位叫玛丽娅，另一位叫赫里斯京娜，她们是邻居，都在集体农庄工作，各自有一个儿子。玛丽娅的儿子叫彼得，赫里斯京娜的儿子叫安德烈，他们在同一年出生。1939年秋天，彼得和安德烈都到了服兵役的年龄。

玛丽娅和赫里斯京娜一同目送自己的儿子踏上从军之路。玛丽娅在默默计算着，还要经过多少个日夜的等待，才能再次见到那蓝眼睛、浅色头发的彼得；与此同时，赫里斯京娜则每天虔诚祈祷，期待着她那有着深邃黑眼睛、乌亮长发如鸦羽般富有光泽的安德烈能够平安归来。

战争爆发了。两年来，两位母亲对儿子们的音讯一无所知，只能在痛苦中等待。后来，赫里斯京娜和玛丽娅都收到了装在蓝色三角信封里的信，得知儿子们都还活着，她们的心中充满了欢乐。战争结束后，彼得和安德烈在一周内回到了家，母亲心头沉甸甸的苦痛，瞬间化作满心欢喜。

然而，没有高兴多久，两位母亲都遭到了不幸，但她俩的命运却截然不同。

玛丽娅病倒了，卧床不起，双脚行动不便。她的儿子彼得也陷入了困境，母亲的病情给他带来了巨大的伤痛。然而，命运似乎并不打算放过他，更多的不幸接踵而至。

当时，彼得正与一位乌黑眉毛的姑娘加林娜热恋，两人正满心欢喜地筹备着婚事。但此时，母亲正卧病在床，彼得陷入了两难的境地。母亲看出了儿子的苦恼，夜不能寐，最终对他说："把加林娜领回家做你的合法妻子吧。至于我，就听天由命吧。"加林娜嫁给了彼得，两人过上了和睦的日子，如果不是母亲的病情，一切本该是完美的。

彼得听说基辅有一位名医，但治疗需要一笔不小的费用。他和加林娜商量后，决定卖掉房子来凑齐医药费。他们带着母亲来到基辅，住进了远房亲戚的家中。母亲住进了医院，医生说："需要在医院住上一年半，甚至更久，才能康复。"

尽管生活拮据，但小夫妻始终尽心尽力地照顾母亲。他们甚至卖掉了加林娜的衣服和彼得的手风琴，只希望母亲能站起来。

母亲在医院里住了整整两年，最终痊愈了。她感慨地说："让我重新站起来的，不是药物，而是孩子们伟大的爱。"

邻里们对彼得和加林娜的孝行赞不绝口，视他们为孝顺父母的表率，并教育自己的孩子要向他们学习。

与此同时，赫里斯京娜的命运却截然不同。安德烈从战场归来时，带回几大箱战利品，却从未在母亲简陋的屋里打开过。他觉得老屋太过狭小局促，便在村外僻静处另建新居。红砖砌就的房屋上，铺着村里少见的锌铁皮屋顶。婚后，他与妻子在新居中过着安逸舒适的日子。

然而，赫里斯京娜居住的房屋已经破败不堪，她恳求儿子安德烈帮她修缮房屋。但安德烈却回应道："我正忙呢，你自己想办法解决吧。"听到这话，赫里斯京娜伤心地流下了眼泪，她只能自己动手，用一些干草简单地修补了屋顶。她安慰自己，只要身体还健康，这还不算什么不幸。

但真正的不幸很快降临了：赫里斯京娜生病了，手脚麻木，卧床不起。她的邻居找到安德烈，质问道："安德烈，你还有没有良心？你母亲病重卧床，急需人照顾，你难道不该去尽孝吗？"安德烈虽然口头上答应了要照顾母亲，但实际上从未付诸行动。无奈之下，邻居们自发轮流照顾起这位生病的老妇人。

半年过去了，一年又过去了，赫里斯京娜的病情丝毫没有好转。安德烈一次也没有去照顾过母亲。村里的人们议论纷纷，谴责安德烈的冷漠无情。人们称他为畜生，甚至用尖刻的话骂他。最终，安德烈无法承受这种压力，选择了自杀。

为什么会发生这样的悲剧呢

为什么有的子女会如此忘恩负义？那些铁石心肠的人又是如何养成的呢？人们不禁想起了赫里斯京娜，她曾把全部心血都倾注在儿子安德烈身上，甚至常常夜不能寐。人们还记得，在集体农庄成立之前，赫里斯京娜和丈夫下地收麦时，她总会在大车上铺上干草和白棉布单，把睡着的安德烈连同枕头、被子一起抱上车，小心翼翼地保护着他，生怕他被炽热的太阳晒到。安德烈已经八岁了，同龄的孩子早已能去森林拾柴、生火、担水，但他却还在睡觉。

安德烈身体健壮，充满朝气。可他的母亲却总是为他心神不宁，尤其担心儿子遭遇意外或承受痛苦，生怕任何一点不幸会破坏他平静的童年。那年秋天，赫里斯京娜给儿子做了一盘他最爱吃的酸奶油煎蘑菇。由于附近的蘑菇越来越少，她不得不走到六公里外的森林里去采摘。一次，她的脚被划伤了，强忍着疼痛回到家。对这次意外，她只字不提，甚至没有露出一丝异样。"怎么能让安德烈为此难过呢？为什么要让他知道这世上有痛苦呢？"每当遇到伤心事，赫里斯京娜都会轻轻闭上眼睛这样说着，这次也不例外。她简单包扎了伤口，然后去找邻居帮忙。邻居每天送来一篮蘑菇，而她则将自己缝制的衬衫送给那位邻居。

安德烈完全不知道母亲经历的不幸。他的心只为自己的快乐而跳动，只知道索取却不懂付出，最终长成了一个冷漠无情的人。

家庭教育的起点与归宿

彼得的童年与安德烈截然不同。母亲深爱着他，对他百般疼爱，却也从不刻意将他与生活中复杂而矛盾的现实隔绝开来。毕竟，生活本就是欢乐与痛苦、幸福与不幸、喜悦与忧愁交织而成的。生活中发生的一切，都会在儿童心灵里激起各种不同的情感、感受、激情和追求——或怜悯，或仁慈，或同情，这些细腻的情感总会在孩子心田留下深刻的印记。玛丽娅怀着一颗慈母之心，她最在意的就是让孩子从小就懂得：这世上还有许许多多和我一样生活着的人，他们也有自己的兴趣和愿望，也渴望成为幸福的人。

"要想成为一个幸福的人，就得用心去关心别人，细心察觉他们的感受，真诚地对待他们，让他们感受到你的温暖和关怀。"尽管玛丽娅不可能完全遵循这句民间道德的箴言（毕竟连孩子也难以领会其中奥妙），但她始终以此为准则教导儿子。

玛丽娅有位邻居，是位常年卧病在床的老太太。至今我还记得，每当玛丽娅的大果园里结出第一茬果实——樱桃、苹果、梨子、李子或是葡萄，她总会叫来彼得："快去给那位孤零零的老奶奶送些新鲜果子！"说着便把最先成熟的果实放进盘子里，交到儿子手中。

对彼得而言，这早已是再寻常不过的事了。

玛丽娅常常这样教导儿子："空谈对人类的爱容易，难的是在寒冬腊月去帮雅林娜奶奶劈柴。'人类'这个概念太过遥远，而雅林娜奶奶就住在隔壁。要是她家连生炉子的柴火都没有，我们的良心会让我们辗转难眠。记住啊孩子，要用自己的真心去体察他人的困苦。"

时光飞逝，转眼间彼得和加林娜的子女们都已顺利完成学业。回望自己四十年的教育生涯，虽觉光阴似箭，却始终怀揣着一个美好的心愿——期盼在某个九月的清晨，阳光正好，我能站在校门口迎接彼得和加林娜的孙辈们入学。而今，这个愿望即将成真。

对我而言，校园生活的每一天都洋溢着欢乐。孩子们明亮的眼眸犹如一扇扇透亮的窗，让我得以窥见他们探索世界的惊奇与喜悦：他们会为绽放的玫瑰表现出赞赏，会指着天空中形似奇鸟的云朵、花丛中翩跹的彩蝶欢呼雀跃。孩子们还会兴高采烈地在我面前展示爸爸妈妈送给他们的礼物，看到这些，我由衷地感到社会和家长们给孩子带来了这么多欢乐，这真是太好了！

然而，当看到孩子们那无忧无虑的笑脸时，我的内心深处却总有一丝不安。我想起了小安德烈，他曾经也是一个阳光开朗的孩子，甚至称不上任性。但他母亲对孩子过分包容，明明预见了孩子可能滋生的任性苗头，却未能及时将其扼杀在萌芽之中。

有一个问题一直困扰着我，在家庭教育中，该如何平衡严格要求与温暖关怀、纪律约束与情感抚慰、服从规范与个性自由？什么才是父母智慧之爱的真谛？这个问题在我读到托里的来信后变得更加清晰。那封被编辑部从数十封家长来信中遴选出来，并附有专业评语的信件，给了我深刻的启示。

我们正处在一个美好的时代。在这个时代，每个公民都将培育下一代——将我们的智慧、情感、意志与品格在孩子身上延续，塑造独特而美好的灵魂——视为最崇高的使命。我们每个人都在为他人创造价值——或是生产面包、衣物，或是制造机器、飞船，或是培育新品种，或是谱写动人乐章。但最珍贵也最有意义的创造，莫过于塑造一个完整的人——这是一种既高度个人化又高度社会化的创造使命。塑造人格与建设工厂、铺设管道、建造发电站同等重要。我们要如何培养自己的孩子？要给孩子留下怎样的精神财富？这些问题值得每位父母深思。

作为父母，我们都在为子孙后代的幸福而努力。我们生活、工作、奋斗的终极理想，就是让每个孩子都能拥有幸福的人生。

我属于 1941 年那个战火纷飞的年代，属于那批拿起武器保家卫国的苏联红军后备军。多少战友永远长眠在那片树林的阴凉处，而我们这些幸存者，一回来就投身到重建家园的繁重劳动中。在满目疮痍的土地上，我们建起了一座座工厂、新城和发电站，创办了设施完善的学校和少年宫。

我们的妻子们感到幸福，我们的父亲们也感到幸福，因为我们的孩子们正在茁壮成长。每当我们看到一座新的儿童营地落成，孩子们兴高采烈地和家人一起走向公共汽车，准备前往少先队夏令营时，我们内心充满了喜悦。看啊，孩子们带着行李箱，母亲们一遍又一遍地叮嘱。汽车启动后，扬起的尘土遮住了英雄墓旁的栗树。每个星期，我们都会去夏令营看望那些十四五岁的孩子，仔细询问他们的饮食情况。当我们得知夏令营食堂的玻璃窗被打碎时，我们会愤怒地质问教务主任，因为这可能会让孩子感冒。我们刚刚表达完愤怒，教务主任就带着工人赶来，修好了玻璃窗。

所有这些，是我们生活的常态，每个人都应该为此感到高兴。有人说苦难更能教育人，这简直是谬论。那些孩子们忍饥挨饿，把得到一小块面包当作梦想的时代，应该永远成为过去。然而，有一些问题，让我作为一个父亲感到不安，我相信这些问题也会让许多其他父亲感到困惑：我们对孩子倾注的那份永恒不变的爱，是否能在孩子心中激起一丝感恩的回应呢？孩子是否能明白，他们所享受的快乐与幸福，其实都是父母用辛勤的付出和汗水换来的呢？

他们的父母都是善良、富有同情心、关心他人的人啊！同时，孩子是否能感受到那些"非亲非故"，但对他们来说却胜似亲人的人所付出的努力呢？尽管这是常理，但他们似乎意识不到，不是吗？父母的智慧之爱是否能永远闪耀光芒？

父母的爱之道到底包含哪些内容呢？

我目睹了在我身边长大的上百个孩子的命运，这让我坚信，父母崇高的智慧之爱，在于向孩子揭示快乐的真谛，让他们看见并感受到生活的美好所在。

孩子的幸福，本质上是自私的。在他们看来，父母为他们创造幸福和财富是理所当然的。直到现在，有些孩子仍然没有感受到，他们的快乐和幸福实际上是长辈们辛勤劳动和挥洒汗水的结果。他们甚至认为，父母存在的意义就是让他们快乐。

曾经有一种观点广为流传，认为好吃懒做、游手好闲、忘恩负义的子女大多来自远离生产劳动的知识分子家庭。这种观点是毫无根据的，已经被实际生活所驳倒。我的经历告诉我，事实恰恰相反，那些冷漠无情的人往往正是来自那些勤劳的工人、集体农庄庄员家庭。这些家庭的父母总是对孩子宠爱有加，无私奉献，却从不对孩子提出任何要求。乍一看，这似乎有些离奇和反常：这些善良、关心备至、富有同情心的父母，怎么会养育出冷漠、毫无同情心的孩子呢？然而，这并不奇怪。孩子之所以变得冷漠无情，是因为他们只是快乐的索取者，他们生活的乐趣就在于不断索取，而这一点正是家庭教育中最可怕的。

父母之爱与教育之道

在我看来，父母之爱的真谛在于精神的培育。在当今社会，这无疑是构建道德基础中最重要且最需谨慎对待的使命之一。令人忧虑的是，许多人——包括不少为人父母者——仍然坚持着这样一种错误观念：公民的社会活动与教育子女、履行父母职责毫无关联。

教育子女、培养下一代，这不仅是公民最重要的社会活动，更是每一位父母不可推卸的神圣责任。值得欣慰的是，绝大多数父母都深刻理解这一点。在我们学校最近的一次家长会上，一位五年级学生的父亲以"社会活动繁忙"为由，声称无暇顾及儿子的教育。在场的其他家长当即直言不讳地指出："如果您连教育自己孩子的时间都抽不出来，那么您作为社会活动家就一文不值。没有时间教育自己的孩子，就等于没有时间做一个真正的人。"

让父母们学会用智慧去爱孩子，这正是学校教育中最关键的使命之一。我们的"家长学校"已持续运作了十余年。需要特别说明的是，我们坚持使用"家长学校"这个朴实的称谓，而非华而不实的"家长大学"，因为后者只是一个空洞的口号，完全无法体现我们与家长之间开展的那种严肃而深刻的教育工作的本质。

在与家长们的交流中，我们始终贯穿着一条核心主线：关于父母智慧之爱的理念，即善良与严格要求、关爱与严厉之间的和谐统一。在交谈中，我们特别注意把握分寸，避免触及那些可能引发父母内心伤痛的个人隐私，而是致力于为父母们提供专业指导，避免他们在子女精神成长这一最敏感、最关键的领域出现偏差。

如果父母缺乏正确的教育理念，他们对子女的爱就很容易偏离正轨，最终可能对孩子的健康成长造成负面影响。这种畸形的爱主要表现为三种形式：盲目溺爱、专制之爱和交易式的爱。

第一种不明智的父母之爱表现为盲目溺爱，这是亲子关系中最可悲、最令人痛心的一种爱。这是一种完全丧失理性的爱，甚至可以称为"母鸡式"的本能之爱。父母对孩子的一举一动都毫无原则地纵容溺爱，从不考虑这些行为可能造成的深远影响。这里有一个真实案例，展现了这种盲目溺爱的可悲之处。

我曾目睹过这样一个令人震惊的场景：一位邻居到五岁的谢迈沙家做客，两位女士在院子里交谈时，小男孩竟在母亲眼皮底下随地小便，而这位母亲非但不加管教，反而沾沾自喜地说："您看我的宝贝儿子多勇敢，一点都不怕生。"这种丧失理智的溺爱，往往会导致悲剧性的后果——孩子们会骑到父母头上，最终成为家中的"小霸王"。

溺爱，这种畸形的教育方式会严重扭曲孩子的心灵，使他们丧失克制欲望的能力。"我想干什么就干什么，谁也别想管我。"这种原本属于粗野之人和流氓无赖的口头禅，竟会成为他们的人生信条。在溺爱环境中长大的孩子，根本无法理解人类社会应有的行为边界，他们分不清"可以""不行"和"应该"这些基本概念的区别。他们理所当然地认为，自己的一切行为都是被允许的。这样的孩子终将成长为极度任性的人，往往表现出明显的性格缺陷。对他们而言，生活中哪怕最微小的约束都难以忍受。正如俗话所说，被溺爱的孩子自私到了极点。他们意识不到自己对父母应尽的责任，厌恶劳动，拒绝付出。最可怕的是，他们对他人的感受视而不见——包括最亲近的父母长辈。他们完全无视这些亲人也有自己的愿望、需求和丰富的精神世界。久而久之，这些孩子会形成一种扭曲的认知：他们认为自己存在于这个世界上，这件事本身就是父母的快乐源泉。

去年秋天，某文艺杂志刊登的一张照片深深刺痛了我的心。照片记录的是开学第一天的场景：一年级新生们坐在教室里，而幸福的父母们则挤在窗外、门口，用充满甜蜜的目光注视着他们。就连女教师的脸上也挂着甜美的笑容。在这样的氛围中，孩子们自然而然地产生了一个念头：他们只是来上学、坐在课桌前，就已经是了不起的"功绩"了。

诚然，孩子是一个家庭的欢乐源泉，我们辛勤工作确实是为了给孩子创造幸福生活——这是毋庸置疑的真理。但是，如果我们刻意向孩子强调这一点，甚至通过隆重的仪式来强化这种观念，那实际上是在惯坏孩子，在他们的公民意识中埋下缺陷的种子。

当一些父亲不断向孩子灌输"你是我们生活的全部欢乐"这样的观念时，孩子们就会形成这样的认知："父母所有的付出，都是为了从我这里获得物质和精神财富。既然如此，我就可以为所欲为，我的每个愿望都必须得到满足。"这种错误认知必然会导致孩子变得任性妄为、粗暴无理。而到那时，那些曾经溺爱孩子的父母们只能抓耳挠腮、叫苦不迭，却为时已晚。

第二种不明智的父母之爱表现为专制之爱。1967年1月22日，《工人日报》刊登了一封十六岁男孩托利亚的信。托利亚是一名九年级学生，他在信中表达了自己深深的绝望。他在学校表现优异，常常能拿到四分和五分（注：这里可能是指某种评分制度中的高分）；在家里，他也非常懂事，积极帮助父母做家务，如擦地板、洗碗、洗衣服等。然而，尽管父母为他提供了良好的物质条件，但每次给他添置新东西时，父母总是唠叨个没完。托利亚写道："父母在物质上从不亏待我，让我穿得好，吃得也好，可每次给我添置新物件时，他们总要喋喋不休地数落个不停……"这种无休止的责难，把本该温馨的家庭变成了人间地狱。然而，父母却声称，他们所做的一切都是出于对孩子的爱，希望他好，是在教育他，让他成为一个更聪明、更尊敬父母的人。

我知道，还有许多像托利亚这样的家庭，孩子们生活在这样的家庭中往往痛苦不堪。从表面上看，那种社会上、道德上的独断土壤似乎早已不存在。然而，实际上，这种独断依然存在。而且只要它存在，就有可能滋生出一些腐朽的东西。

在那些家庭里，父母的独断专行源于一种浓重的愚昧无知和利己主义的混合。在这些父母眼中，孩子就像一件可以随意摆布的物品，认为"我的桌子想放哪儿就放哪儿""我的女儿我想怎么管教就怎么管教"。

我曾听说过一位父亲，他独断专行到了令人难以置信的地步。这位父亲为女儿购置了新衣物。女孩今年十五岁，正在读八年级。他精心挑选了一双时髦的鞋子和一件漂亮的衣服。然而出人意料的是，他不仅要求女儿将这些新衣物放在书桌旁，不得使用，还立下严苛规定：期末所有科目成绩必须保持在四分（良好）以上，才允许女儿穿戴新衣物；若任何一门课出现三分（及格），就永远别想碰这些新衣物。

很难想象，还有什么比这种控制欲强的专横态度更令人厌恶的了。

愚昧父母的这种专横行为，是让孩子从小就曲解"人之初，性本善"这一概念的一个原因，使他们不再相信人和人性。在这种专断强横、无谓的吹毛求疵、无休止责难的环境中，孩子的心终将变得坚硬而冷漠。在我看来，这是儿童和青少年精神世界中最可怕的东西。独断专行会扼杀家庭中最珍贵的养分——那种能培育善良、理性、稳重与谦逊的内心活动，也就是爱。在童年时期没有感受到爱的人，到了青少年时期可能会变得粗鲁且冷酷无情。

我常常听到一些父母焦虑而又困惑地说："小时候那么乖巧懂事的孩子，怎么到了青春期就变得叛逆乖张？"我确信，这正是父母滥用权威的恶果，当父母的专制变成压迫孩子意志的暴力时，孩子心中那份"想要成为好孩子"的纯真渴望，终将在无情的压制下支离破碎。

父母的权威，应该用来激发孩子内心想当好孩子的内在动力。每个孩子都有成为好孩子的愿望，因此父母在运用这种极其微妙的工具，也就是父母的权威时，应该对孩子保持谨慎和尊重，以免伤害到那尚未坚固、脆弱的心灵。如果父母把权威变成专横和暴力，那么孩子的善良愿望就会被摧毁，孩子的心灵可能会产生令人担忧的变化。

你应该尊重孩子想成为一个好人的愿望，并且珍视这种愿望对于人的心灵所具有的极其微妙而重要的意义。不要滥用你的权威，不要把父母的权威变成独断专行、刚愎自用，不要去摧毁孩子身上那善良的愿望。请记住，你的儿子、你的女儿，和你一样，也是一个人。一旦有人试图把他的心灵当作可以随意玩弄的玩具，他自然会起来反抗。

令人忧虑的是，部分父母存在这样一种认知误区：他们认为给孩子施加适当的"压力"能够促进孩子学业进步，确保孩子取得优异的成绩（五分或四分）。在这些父母眼中，分数似乎同时映射着孩子的品德高低。这种将学业表现与道德品质简单粗暴地画上等号的错误观念，往往给孩子带来深重的伤害，甚至可能造成难以愈合的心灵创伤。将课程分数与道德评价混为一谈，实际上是一种片面追求分数这一单一指标的恶果，这也暴露出当前学校教育存在的严重弊端。令人痛心的是，许多教师在与家长沟通时，自始至终都在谈论分数问题。这种对话的逻辑结果往往是：分数高就是好孩子，而成绩不理想的学生则被简单归类为"不合格"的学生。

第三种不明智的父母之爱表现为交易式的爱。这类父母——尤其是部分父亲——固执地认为，只要满足孩子的一切物质需求，就算是尽到了为人父母的全部责任。"孩子衣食无忧、身体健康、学习用品一应俱全——还有什么不满足的？"在这种观念的驱使下，他们将父母之爱简单地量化为物质投入，甚至天真地以为可以用金钱和礼物来"赎买"亲情。

特别需要指出的是，少数父亲（确实存在这样的案例）患有一种难以治愈的精神疾病——情感冷漠症。这些父亲从根本上就不理解什么是真正的父母之爱。之所以特别强调父亲的问题，是因为相比之下，母亲群体中这种情况较为罕见，母亲与孩子之间通常保持着密不可分的精神联系。这种道德情感的缺失和对子女的冷酷态度，并不只是因为教养水平低下，更源于他们对教育本质的严重误解。这些父亲的最大错误在于，他们将教育视为完全孤立的个人行为，与社会责任彻底割裂开来。

如果在这种家庭中，母亲也未能给予孩子足够的关爱，未能成为孩子精神世界的支柱，那么孩子就会陷入可怕的精神荒漠，会被空虚与扭曲的氛围所笼罩。这些孩子虽然生活在人群中，却无法真正理解人性，这对家庭来说是最可怕的。因为孩子的心灵对人性中最珍贵的情感——关爱、同情、怜悯和仁慈等美好品质——感到陌生和难以理解，这可能导致他们成为情感上愚昧无知的人。

对于这些孩子，学校的教育责任尤其艰巨，学校应该设立专门的情感教育课程。这涉及教育学理论与实践的一个重要问题。遗憾的是，在教育领域中并没有这门课程，也没有人专门研究如何在学校内培养孩子的情感。要知道，这些孩子在家庭的压力下，情感世界已经变得空虚，毫无个性。此时的学校，往往只关注如何"确保"孩子取得好成绩。

手捧鲜花的人

究竟什么才是真正的父母之爱？我们应当在孩子心中播下怎样的种子？如何让他们成为真正的人？如何才能让父母的爱在孩子心中点燃永恒的感恩之火？

培养孩子学会洞察人性、理解他人，这无疑是育儿过程中最为复杂而艰巨的任务。父母应当激发孩子对这个世界、对人类创造的一切、对他人——尤其是对人本身——保持敏锐的感知。这就是真正的父母之爱。我深信，从小培养孩子高尚的品格，得先从懂得关心和理解别人开始。而要升华这种关系，要让孩子做到这些，关键是要让他们学会尊重他人，尤其是尊重父亲和母亲，因为父母的爱是最纯粹、最伟大的。

当孩子踏入校门，他们就成了学生。在小学阶段，学校与家长——特别是与母亲、父亲的联系至关重要。教师每周与父母的个别交谈，提出的思考与建议，都是育人这项创造性活动的重要组成部分。我们共同探讨，如何引导孩子主动参加那些有意义的活动，让他们真正体会到自己是生活在人群之中的。

在学生低年级学习时期，我们和家长们一起努力，让学校成为一所充满亲情的学校。在这里，最重要的课程就是教孩子们学会关爱他人，学会创造美好。任何能给孩子带来美好、享受、欢乐、满足的事物，都蕴含着神奇的教育力量。我们要引导孩子们为家庭、为母亲和父亲、为他人创造美好。

每年秋天，许多家庭都会举办玫瑰节。我特别强调，这个节日要先在家庭中庆祝，然后才在学校举办相关的活动。

在秋季玫瑰节这一天，每个孩子都会在父母的庭院中亲手栽种几株玫瑰。我们将玫瑰幼苗递到孩子们手中，对他们说："拿去吧，把它栽上。好好照顾这些小苗，它们会开出美丽的花，给你的母亲、父亲、奶奶、爷爷带去欢乐。"

孩子亲手种下玫瑰幼苗，从此便肩负起照料的责任：按时浇水，冬日防寒，定期松土。起初，这些琐碎的照料和持续的付出对他而言是那么陌生，老师口中那芬芳绽放的花朵，在他眼中是遥不可及的梦想。耐心等待、为目标坚持——这些品质他尚未具备，而这正需要在劳动中悉心教导。

然而奇迹终会降临：第一个花蕾悄然萌发，接着是第二个、第三个……直到各色玫瑰在阳光下粲然绽放——火红的、粉嫩的、湛蓝的、淡紫的花瓣在阳光下闪耀。此时，孩子眼中的喜悦之光是无与伦比的。这与孩子收到父母礼物时的喜悦不同，也不同于休假、旅行或期待远足时的喜悦。

这是一种为最亲爱的人——父母长辈创造美好事物的喜悦。这份美好之所以能如此深刻地触动孩子的心灵，正因为它是美的具象化身。曾经急躁的孩子，如今学会了耐心等待花蕾的绽放；曾经散漫的孩子，此刻懂得了珍视付出。若有人偷走那准备献给母亲的玫瑰，对孩子而言将是锥心之痛。

当孩子手捧玫瑰献给母亲的那一刻，她眼中闪耀的幸福光芒，是最动人的。那一刻，孩子们清澈的眼眸里，闪烁着人性最纯粹的光辉，流淌着为至亲之人创造美好的真挚喜悦——这世上再没有什么比这更美好的画面了。

当孩子初次体验到为他人创造美好的喜悦时，他便获得了审视世界的新眼光。在苹果树绽放的花枝间，在沉甸甸的葡萄串上，在静默绽放的菊花丛中，他看到了辛勤劳作、悉心呵护与无尽牵挂的痕迹。从此，他再不会随意攀折花枝，轻率采摘花朵。

"手捧鲜花之人，心怀善念。"苏联作家索洛乌欣这句优美的诗句，正是对"何为真正的父母之爱""我们该在孩子心中留下什么"最诗意的回答。

亲爱的父母们，我们的爱应当如清新的春风，在孩子心中吹拂出关怀的火花——这火花本就是我们用自己的智慧点燃的，它终将让孩子成长为善良、仁爱、心灵美好的人。

随着第一学年的结束，升入二年级的孩子们与我们共同创建了一座"感恩花园"。这是专门献给那些在土地上耕耘了四十年、五十年甚至八十年的长者们的。我们选择一片贫瘠的荒地，运来数十吨肥沃的淤泥，种下葡萄、苹果、梨和李子树。这份工作虽然艰辛，却被崇高的目标所激励——为人们带来欢乐。因此，这份劳动的喜悦是无与伦比的。

当感恩花园结出第一批果实时，孩子们邀请村里的长辈们前来分享。亲爱的父母们，当你们引导孩子踏上这条道德成长之路，赋予劳动以崇高的精神时，你们将见证奇迹：当孩子在感恩花园摘下果实献给劳作半生的长者时，那一刻将在他灵魂深处留下永恒的印记——这仿佛是他道德成长道路上的第一座高峰。

体验过为他人创造美好的孩子，获得了最珍贵的心灵财富：他能敏锐地感知何时该向同伴、朋友或身边的任何人伸出援手。正如马克思所说，这种行善的意愿是自由人最伟大的精神财富。这样的孩子会对周围世界充满关怀，对父母的辛劳感同身受。他们懂得工作归来的父母需要休息，需要宁静、整洁而美好的家，这是给予父母最好的精神慰藉。体验过创造美好喜悦的孩子会从心底明白：自己的不良行为或糟糕成绩，都会给至亲带来伤痛。而对一个充满爱心的孩子来说，让挚爱之人伤心，无异于最愚蠢的恶行。

纯洁真挚、心地善良的孩子，即使做了乍看起来似乎没有什么不良行为的事，他也会感觉自己做了错事。"我必须好好学习，"有一次四年级学生科利亚对我说，"因为我母亲心脏不好。"孩子觉得如果在他的分数单里出现了不好的成绩，母亲的心会难受的。他希望母亲安心。他知道，他可以通过自己的努力，使母亲的心得到抚慰。

每位父亲、每位母亲最殷切的愿望，是希望孩子能够发自内心地想好好学习。那么，该如何激发孩子的这种愿望？就是孩子要有一颗为父母带来快乐的心。只有当孩子亲身经历过为他人创造美好的喜悦，这份渴望才会在他们心底悄然苏醒。我坚信，要让孩子真正爱上学习，关键在于唤醒他们内心深处那份渴望为他人做好事、造福他人的热情，同时培养他们对周围世界的敏锐感知力，以及用心灵去洞察他人内心世界的能力。

我不禁想起了一个小姑娘的故事。

小姑娘名叫卓娅。她的母亲对她百般溺爱，纵容她所有的任性要求。可命运弄人，母亲患上了慢性疾病，这种病不仅消耗着她的精力，还让她的病情也时好时坏。在我们学校，最重要的教育使命之一，就是培养孩子们敏锐的心灵，让他们能够从人们的眼神、语调、动作中读懂其中蕴含的痛苦、忧伤与苦闷。然而，要在那些情感已然麻木的孩子心中唤醒这份敏锐，实在困难重重。

那时卓娅正在读三年级。班里组织了一次为期五天的第聂伯河之旅。得知女儿要出游，病中的母亲强撑着来到学校，详细询问需要准备哪些东西。看着她强忍病痛的模样，我极力劝阻：在这种时候，卓娅绝不能丢下母亲去旅行。随后，我将卓娅从课堂上叫了出来，直截了当地告诉她不能去旅行。听到这个消息，女孩瞬间哭了起来。

我语重心长地对她说："难道你没看见你妈妈现在的状况吗？要知道她病得很重。她硬撑着装成健康的样子，这些你都看不出来吗？"

卓娅困惑地望着我，语气淡漠："我怎么会知道？妈妈从没告诉过我她生病了。"

很显然，卓娅对于不能与同学一起去旅游这件事感到非常不高兴。按常理说，她绝不该在这种时候丢下母亲不管，但她的内心却毫无触动——这就是不幸所在。我花费了不止一年的时间，试图唤醒这颗仿佛石化般的心。我耐心地教导她要学会观察人的眼睛——因为眼睛是心灵的镜子；教她体味人生的悲欢，感受他人的喜怒哀乐。

记得有一次，我带着卓娅来到集体农庄的甜菜田，那里有八位女庄员在劳作。我告诉卓娅，在这些妇女当中有一位母亲，她的三个儿子都在前线英勇牺牲了。这种丧子之痛，无论过去多少年，都不会从母亲的心中抹去。每一个拥有敏感心灵的人，都能从这位母亲眼中读出这份深沉的哀伤，并感受到她的痛苦。那天，卓娅结识了这位英雄母亲，这次相遇在她心中留下了深刻的烙印。从此，那个冷漠的小女孩蜕变成了体贴入微、善解人意的好女儿。她几乎每晚都陪伴在母亲身边，想方设法为病中的母亲带去欢乐。

如今的卓娅已长大成人，有了自己的家庭和孩子。去年秋天，她神色匆匆地来到学校。

"快！有人需要帮助，"她气喘吁吁地说，"再晚就来不及了。"稍稍平复呼吸后，她继续道："森林深处有位悲痛欲绝的老人，佝偻着身子坐在树桩上，对周遭的一切充耳不闻。他眼中满是绝望，我们必须立刻去帮助他。"

我们火速赶往森林。那位名为安德烈的老人是我们村的居民，刚刚经历了人生最大的悲剧：三天前失去了相伴一生的妻子，而他的兄弟和儿子都已战死沙场，如今世上只剩他孤身一人……我们把老人送回了家，他却害怕独自进入那间小屋。于是，少先队员们轮流来陪伴他。卓娅不仅与老人结为忘年交，还与经常看望安德烈爷爷的孩子们成了朋友。他们在老人的院子里开辟了一个玫瑰园。老人曾对我说："若不是卓娅和这些孩子，我恐怕早已不在人世了。"

为人父母者啊，我们该在子女心中留下什么？这个问题值得我们时时自省。我们要传承的，应该是劳动人民历经千难万险、艰苦斗争创造得来的那些道德财富，是人性中最崇高的品格。让我们永远铭记，在建设共产主义的社会中，最崇高、最荣耀的创造，就是塑造人。

写给父亲们的一席话

在冬天傍晚的时候，经常有学生的父亲到我们学校里来，教师们常常会和他们开展专题座谈，主题是父亲在家庭中肩负的崇高使命。我们对这种谈话十分重视，因为父亲在子女教育中扮演着不可替代的角色。

每个孩子都渴望拥有一位性格坚毅、个性鲜明、勇于担当的父亲。希望每位父亲都能明白，孩子对他怀有多么深切的期待，多么渴望身边能有一位真正的男子汉！

20世纪50年代初，有两个二年级女孩在我们学校就读，她们是形影不离的好朋友。

其中一个名叫娜塔莎。她自幼丧父。小时候，她常常问妈妈："爸爸在哪里？"妈妈总是沉默以对，直到有一次忍不住落泪……上学后，娜塔莎再也不问关于父亲的事了。

她的好朋友娜佳有一个完整的家庭。一个春日，娜佳问娜塔莎："你爸爸是做什么的？"女孩羞愧难当，不愿承认自己没有父亲，便脱口而出："我爸爸是飞行员。他经常飞行……很少回家。"从此，娜塔莎每天都会从妈妈给的午餐钱里省下几戈比。有一天，她独自坐车进城，买了一张印有飞行员的明信片……每当成绩单上出现不理想的分数，她总会对朋友们说："唉，不知道爸爸会怎么说……"然而，从她的话语中听不出丝毫恐惧，只有满满的自豪……

时光飞逝，娜塔莎如今已组建了自己的家庭：有丈夫和两个可爱的女儿。记得她第一次带着大女儿来学校时，动情地对我们说："你们无法想象，在童年时，我是多么渴望有一个父亲。我在自己的想象中创造了他的形象，这样生活才不那么艰难。在我的幻想里，父亲既慈爱又严格，对我要求很高。我多么希望有一天他能拿起我的作业本，说：'嗯，你今天表现不错，女儿……'特别是在生病的时候，这种渴望尤为强烈。我多么期待一个高大强壮的男人走到床边，把手放在我额头上，安慰我说：'没事的，女儿，你很快就会好起来……'"

我认识许多孩子，他们的父亲在卫国战争的战场上壮烈牺牲。如今，这些孩子已经长大成人，但他们至今仍珍藏着父亲的遗物：一枚勋章、一条皮带、一块手帕、一支钢笔、一个包……

我永远忘不了小谢廖沙。他的父亲在喀尔巴阡山脉的战斗中英勇牺牲。母亲收到那张蓝色阵亡通知书后，哭得肝肠寸断。

战争结束后，士兵们纷纷从军队返回。

一个炎热的夏日，一位白发苍苍的士兵来到谢廖沙家的院子。他向谢廖沙的母亲详细讲述了她丈夫牺牲的情况。这个士兵对谢廖沙说："你父亲是个机枪手，他是被一颗法西斯的炮弹给炸死的……我在他牺牲的现场，只找到了我这位忠实朋友用过的一个小汤匙。"说完，他把这个小汤匙交给了谢廖沙。

时光飞逝，谢廖沙也成了一名军人。参军时，这位年轻人随身带着父亲的遗物。他服役了三年，那只铝勺是他形影不离的伙伴。如今，谢廖沙已经有了三个儿子。那把珍贵的勺子摆放在家中最显眼的位置，我确信，它将永远留在那里，成为家族传承的象征。

如果我们要评判父亲的道德品质，以及他能不能成为孩子的榜样，最重要的就是看他对自己孩子是否有责任感。

家庭关系从古至今就是这样形成的：父亲为了孩子的健康、平安和幸福而付出的努力，最能体现他的道德品质。一个男人越是心甘情愿、乐在其中地担起这份责任，他的品格就越是高尚，自然也就越能成为子女心目中的好榜样。

对孩子来说，父亲是他最亲近、最敬爱的男人。父亲要为孩子的出生以及孩子生活中的每一个行为负责。父亲本身就肩负着和母亲一起创造新生命并使其道德完美的伟大使命。

要让每位父亲都懂得：孩子是否听话懂事、遵守规矩，关键要看父亲自己是否尽到了责任。父亲为人民服务，对祖国忠诚，就是孩子们的骄傲。他们珍惜父亲为人民所做的贡献，也珍惜父亲将要为祖国的物质财富和精神财富付出的努力。

民间有句谚语："儿子要有自己的根基。"父母的根基、父母的功绩、父母的荣誉不应成为儿子谋取利益和特权的资本。如果儿子没有自己的根基，就可能长出恶草。父亲对社会的贡献越显著，儿子就越需要发出自己的光芒。这光芒可以由父亲点燃——用他对崇高社会理想的忠诚之火，用他为这些理想付出的辛勤劳动来点燃。

我们教师在教育工作中，要努力让每个学生都能在自己父亲身上发现那些创造永恒人类价值的品质——自豪感和家族尊严。认识父亲的道德财富，是公民教育课程中无可替代的一课。这里有两个生动的教育实例。

> 当一个学年结束时，父亲对儿子彼得说："今天我们去我的田野看看，儿子。"
>
> "你有自己的田野？"儿子惊讶地问。
>
> "是的。"
>
> 他们长途跋涉：乘火车，转汽车，最终来到一片森林边缘，眼前是一片广袤平坦的麦田。
>
> "这是我的战场，"父亲说，"当初我们在这里与法西斯浴血奋战，

我们把敌人从这片土地上赶了出去。这块土地上有我的鲜血……那里还躺着一位受伤的战友……"

儿子若有所思地、神情肃穆地注视着这片他曾经习以为常的田野。也许就在这一刻，男孩真正理解了什么是为人民服务。在这里，他看到了父亲作为祖国忠诚卫士的英勇形象。如果每个孩子都能像彼得这样，用充满敬意的目光看待父亲，我相信，就不会有不听话、不敬父母的行为发生。

另一个故事是关于二年级的小菲利普。

菲利普的父亲也在反法西斯战争中荣获"战斗功勋"奖章。冬夜里，父亲常给儿子讲述战争的艰难历程，讲雪地和沼泽中的战壕，战友们的英勇事迹。

"这枚奖章来之不易……"菲利普常在睡前喃喃自语。学期结束时，他带回一本厚重的、插图精美的书——那是学校对他优异成绩的嘉奖。母亲欣喜地翻阅着，菲利普却闷闷不乐。

"怎么了？学校奖励你，难道你不高兴吗？"母亲诧异地问道。

"因为这太容易得到了……"儿子答道。

这不仅是父亲们需要思考的问题，也是我们教育者的责任。我们常常忽略了，如何在孩子幼小的心灵中，将"艰难""美好"与"应当"三者交织在一起。尤其当我们试图培养孩子对长辈——特别是对父亲——的爱与尊重时，教师的每一句话、每一个举动都必须格外谨慎。

记得有一次，一位女教师逐一询问一年级学生关于父母的情况。孩子们天真地回答，她低头记录。然而，当听到女教师询问邻座同学时，彼佳的脸色突然变得苍白。

原来就在前一天，彼佳放学时，在茶馆旁撞见了自己的父亲——他醉醺醺地趴在栅栏上，目光涣散地望着街道。"爸爸，我们回家吧……"彼佳在众目睽睽下低声恳求父亲，孩子感到无尽的羞耻……

田野上，阳光灿烂，世界看起来幸福而宁静。可小彼佳却因父亲的酗酒而默默流泪。他坐在教室里，手心冒汗，等待着老师的提问——在这样的时刻，一个孩子还能感受到幸福吗？我们是否想过，就在这一瞬间，他一切光明、欢乐、正确的信念正在崩塌？

而一旦孩子失去对"正确"的信念（"正确"这个词，我曾从一个因家庭不幸而早熟的少年口中听到），那么，教育就不会产生有价值的结果。只有当孩子有信心时，他才是幸福的，不听话、没礼貌、粗鲁，这些都是在孩子完全失去信心时容易出现的行为。

如果有人问我，教育中最艰难的是什么？我会毫不犹豫地回答：和孩子谈论他们的父母。哪怕最轻微的疏忽、最无心的失言，都可能酿成无法挽回的伤害。

教室里，孩子们正安静地写着关于秋天的作文。突然，一个声音划破寂静——"米佳的爸爸进监狱啦！"帕夫利科是米佳的邻居，他前一天刚听母亲说起这件事，终究无法保守住这个"爆炸性新闻"。

我猝不及防。米佳的脸瞬间涨红，手中的铅笔颤抖着，在纸上划出一道歪斜的痕迹。

"这有什么奇怪的？"我立刻说，"你们都知道米佳的爸爸是镶玻璃工吧？还记得他在我们学校修过窗户吗？监狱的玻璃坏了，他去那里工作几天，很快就会回来。"

米佳的眼中闪过一丝感激。

教师的使命，就是守护孩子脆弱的心灵。这类突如其来的打击，对孩子而言，就像一把尖刀，会让他们陷入恐惧与麻木。孩子不愿自己的家庭隐私被暴露，而当它被无情揭开时，那种羞耻与无助，往往会吞噬他们的整个世界。

所以，我想对所有父亲说：请记住，你的堕落，是孩子的痛苦；你的欢乐，才是他们的欢乐。请珍惜他们对你的爱，让他们对人的信任永远坚不可摧。

我们要在孩子身上延续自己

民间流传着这样一句道德箴言："好儿父母荣，坏儿父母伤。"自古以来，人类便怀有一种精神与道德上的强烈愿望，渴望成为父亲、母亲，并将为人父母视作人生至高的幸福。这种热望，正是源于一种深切的期盼——要在孩子身上留下自己的印记，让自己的生命得以延续，同时确认那些由祖辈创造、积累，并由我们自身点滴经验所铸就的道德财富，能够一代代传承下去。

这不是传说，而是发生在第聂伯河畔一个古老村庄里的真实故事。

村子里住着一位年迈的老妇人。她养育了五个儿子和七个女儿。每个子女都有自己的孩子，他们的孩子又都有两三个子女，唯独她的孙女薇拉，结婚多年，却始终没有孩子。

那是一个温暖的夏日，这位被全族人尊称为"女始祖"的老人迎来了她的一百零七岁寿辰。子孙们纷纷赶来为她庆贺。在苹果园里，大家簇拥着她，祝福她健康长寿、精神充沛、思维清晰、目光敏锐。女始祖环顾四周，发现所有人都到齐了，唯独不见薇拉的身影。她心中略感失落，正想开口询问："薇拉怎么没来？"就在这时，一位邻居匆匆赶来，向女始祖问好后，激动地说道："薇拉生了个儿子！"

女始祖长长地舒了一口气，脸上浮现出一抹欣慰的笑容。随后，她缓缓地望向每一位子孙的眼睛，最终平静地说道："我要走了。"就这样，这位世界上最幸福的人安详地离开了人世。

多年来，我每天都会与父亲们、母亲们交谈，以及同他们的孩子——那些未来也将成为父母的人交谈。我格外珍视那些父母们，他们愿意与我分享他们的喜悦和忧愁，甚至倾诉那些内心深处的秘密，这些秘密往往需要巨大的勇气才能说出口。年复一年，我愈发坚定地相信，成为父亲或母亲，就像是人的第二次重生。毫不夸张地说，只有当一个人成为父亲或母亲后，他才会在道德层面上为养育下一代做好准备，这时他才真正实现了人生的重生。

有一件令我终生难忘的动人往事，至今仍深深影响着我。

我校曾有一名学生，名叫斯捷潘。在老师们的印象中，他是个淘气、顽皮的男孩，但同时又心地善良、热心肠。多年后，斯捷潘长大成人，组建了自己的家庭。关于他学生时代的记忆，在大家的脑海中逐渐淡去。然而有一天，当我和几位老师坐在教师办公室里时，门突然被推开，斯捷潘满脸激动地走了进来。他没戴帽子，手里还攥着一瓶香槟酒。他略带歉意地请求大家原谅他的冒昧闯入，随后语无伦次地解释起自己此行的缘由。

"我今天太高兴了！我刚从医院接回了我的妻子和女儿。亲爱的老师们，此刻我的心里仿佛洒满了阳光。我突然明白，真正的人，是那些对他人负有责任的人。这让我想起了我的学生时代。每当我看到孩子的小脸儿时，仿佛看到了曾经的自己。我当年给老师们添了多少麻烦啊……请原谅，那时的我太不懂事了。如今，我终于明白了您工作的意义。你们教会我们如何做人……如何教育下一代……唉！这些道理，你们比我懂得多得多……"

他还告诉我们，他和妻子决定给女儿取名奥尔加·彼得罗夫娜——这正是他第一位女老师的名字。随后，我们一起离开学校，前去祝贺那位新晋的母亲。

日子一天天过去，一周又一周流逝。斯捷潘常常带着育儿中的困惑来找我："您看，我们的教育方式对吗？她已经一岁了，会迈步了，也开始咿呀学语了……"我为他提出的问题和流露出的责任感感到由衷的欣慰。更让我高兴的是，他真正理解了为人父者的担当。"无论身在何处，无论做什么，我的心始终牵挂着家，牵挂着摇篮里的奥尔加。"斯捷潘向我们分享他的感受，"就像有人在我心里敲响了警钟——如果离家太久，家里就会出事的……"

每当这对年轻的父母带着喜悦、忧虑或关切的问题来找我时，我总会问："最近怎么样？"他们最大的欣慰，是奥尔加与曾祖母玛丽娅建立了深厚的感情。小奥尔加不仅喜欢帮曾祖母做事，老人也格外珍视曾孙女的每一次帮助。"我们在干活儿""我们在忙""我们遇到困难了""我们累了""我们在休息"等，这些充满温度的话语，是奥尔加在与曾祖母相处中自然学会的。这些话语间流露出的，是与至亲之人交往时特有的爱、信任与欢愉。

在观察这个家庭的教育方式时，我特别欣喜地发现，孩子是通过劳动来认识世界的。在这个过程中，她不仅了解了事物和现象，更在心中建立起道德的标尺。这个孩子对周遭的一切都有着自己的判断，从小就表现出鲜明的爱憎——最让她无法接受的，正是那些游手好闲、懈怠懒惰之人。

当老奶奶病重卧床时，奥尔加第一次感受到了人生的不幸，她独自一人默默地流下了眼泪。有一次，年轻的父亲一大早就急匆匆地跑来，激动又焦虑地问我："怎么办呢？老奶奶快要不行了。我们该不该让五岁的奥尔加见老奶奶最后一面？该不该让她目睹亲人的离世？"我当时建议，绝对不能让孩子脱离真实的世界。认识生活，是从认识人开始的。孩子来到这个世界，最先看到的是母亲温柔的目光，感受到的是微笑、快乐和太阳。珍视生命的美好，就要像守护无价之宝一样守护它。而生命的消逝、爷爷奶奶的衰老和离世，也是对孩子的一种深刻教育。

如果你们作为父母，希望自己的孩子成为一个好人，珍惜自己的品德，希望你们的话语和意志成为孩子不可违背的准则，那么，请在他们的童年时期，就让他们看到生命之树的完整样貌：从稚嫩的根系，到成熟的枝干，直至最终归于尘土的落叶。

　　了解生命、珍惜生命、爱护生命，保持人格的纯洁，使人格不被玷污，鄙视和憎恨那些令人厌恶的东西，这就是我努力向父母们传递的教育智慧的核心。在家长学校的第一堂课上，我总会给未来的父母们讲述这样一个意味深长的故事。

　　　　这是很久很久以前的事了。在乌克兰的一个村庄里，姑娘和媳妇们都想大显身手。她们约定星期天到村里的广场集合，每人带来自己最得意的作品，比如：绣花面巾、钩花织物、亚麻布、台布等。星期天到了，姑娘和媳妇们把自己精心准备的东西都带到了广场上。当时，负责评判的长者们看得眼花缭乱，纷纷称赞："村中竟有这么多心灵手巧的女子！"

　　　　富家的媳妇和女儿们精心准备了奢华的展品：丝绸罩布是用金线、银线缝制的，金边的窗帘华丽耀眼，上面绣着的花鸟栩栩如生。所有人都以为这次的胜利非她们莫属。然而，结果却出乎所有人的意料。穷人家的媳妇玛林娜成了最终的赢家。她带去的既不是面巾，也不是花边，尽管她也能把这些东西做得非常精美。她带来的是她七岁的儿子彼得鲁西。而彼得鲁西带来的，是他亲手用木头雕刻的一只云雀。小男孩把木刻云雀轻轻放到嘴边，神奇的是，木刻云雀竟然像真鸟一样唱起歌来。所有人都屏住了呼吸，安静地站在原地聆听。就在这时，天空中突然飞来了一只真正的云雀，它在高空中盘旋，伴随着木刻云雀的歌声，欢快地歌唱起来。

　　　　"真正的能工巧匠，能培养出聪明、善良又勇敢的人。"这就是老人们最后的总结。

　　在每一个家庭中，父母对子女心灵的塑造与智慧的启迪，都谱写着人类最深邃却又最质朴的教育篇章，这就是我们所说的社会教育。家庭犹如构建社会大厦的一块块砖石，每块砖石坚实稳固，整个社会才能屹立不倒。若砖石松动，则必须及时修补，否则必将危及整个社会结构。这种"砖石松动"的现象，往往表现为父母的不负责任。

　　没有子女时，人只需对自己负责；而一旦成为父母，肩上的责任便成倍增长——三倍、四倍乃至千百倍。这一理念应当贯穿于所有的家长教育之中。当你赋予人生命时，你便将自己的名字镌刻在了本国人民的历史中。

　　父母对子女的漠视与不负责任，实则是人性的重大缺陷，其根源在于对幸福本质的误解。那些无法通过子女延续自我价值的人，终将在暮年饱尝孤独的苦果。

　　老年的孤独堪称人生最大的不幸。有些人年轻时看似过得潇洒自在，花前月下，往往在晚年陷入形单影只的凄凉境地。只要深入观察他们的内心世界，便能洞见这种不幸的根源。

　　那些无忧无虑的年轻人啊，希望你们能从这些故事中吸取教训。有些父母，甚至个别人，在遇到生活中的诱惑时，竟会抛弃多年深爱的妻子，不顾尚在摇篮中的孩子。我要讲述一个真实的故事，虽隐去姓名，却字字属实。

　　在一个普通的三口之家里，住着母亲、父亲和他们不满周岁的儿子。然而，在一个平常的日子里，父亲悄无声息地离开了，没有留下只言片语，也没有说明去向和原因。

　　从此，家中只剩下母子二人相依为命。母亲的日子过得很艰难，每天天不亮就要抱着儿子去托儿所，然后匆匆赶去工作。

　　随着儿子渐渐长大，母亲不再抱着他去托儿所，而是带他去幼儿园。在托儿所里，小男孩第一次意识到：其他小朋友不仅有妈妈，还有爸爸。这个发现深深触动了他幼小的心灵。

　　"妈妈，为什么别人都有爸爸，而我没有呢？小朋友们说，没有爸爸是生不出孩子的……这是真的吗？"

　　"是的，没有爸爸确实生不出孩子。"

　　"那就是说，我也有爸爸？"

　　"是的，我们家里曾经有过爸爸，但他离开了……"

　　"他为什么会离开我们呢？"

　　"因为他不爱我们，所以就走了……"

"他为什么不爱我们呢？"孩子追问道。

母亲努力解释，但三岁的孩子还无法完全理解这些复杂的情感。最后，母亲只能说："等你长大些，就会明白了……"

时光流逝，转眼间孩子五岁了。一天，他突然问道："妈妈，我爸爸爱他自己吗？"

"他爱自己比爱我们还少。他不仅不爱我们，也不尊重自己……"

"不尊重自己是什么意思？"

母亲再次尝试解释，但这些概念对一个五岁的孩子来说还是太过深奥。

又过了两年，七岁的孩子再次提出同样的问题："妈妈，尊重自己到底是什么意思？"

"意思是，人来到这个世界上，应该通过自己的孩子延续自己的生命。不愿意在孩子身上延续自己的人，就等于不想成为真正的人。"

"难道……我爸爸不明白这个道理吗？"孩子惊讶地问。

"也许……要等到他老了才会明白吧。"

在孩子七岁那年，母亲再婚了。一天，母亲单独和孩子谈话："这个人爱我，我也爱他。如果他也爱你，你也能爱他，也许他会成为你的父亲，你也会成为他的儿子。你可以先不叫他爸爸，但也不能太没礼貌，就先称呼'您'吧。"

继父是个善良热心的人，但男孩始终无法对他敞开心扉。"连生我的人都没能成为我的父亲，这个外人又怎么能做到呢？"这个念头一直压在男孩心头。

后来，男孩生了一场大病，日夜昏迷，只是偶尔清醒。一天夜里，他感觉好些了，便睁开眼睛，看见继父正握着他虚弱的小手默默流泪……男孩闭上眼睛，想让这一刻永远持续下去。一分钟、两分钟、三分钟过去了，继父依然温柔地抚摸着他的手。男孩感到一种前所未有的幸福，心跳加速。他意识到继父是多么期盼他康复，于是睁开眼，微笑着说："我可以……叫您爸爸吗？"

　　岁月如梭，这个重组的家庭过得幸福美满，直到一场巨大的不幸降临：母亲患上了绝症，卧床达十年之久，全靠丈夫和儿子的悉心照料。在儿子二十三岁那年，母亲永远地离开了他们。后来，儿子也成家了，有了自己的孩子。这时继父已经年迈体弱，儿子对他始终怀着赤诚的爱。每天午饭必须等继父到了才开饭，家里任何重要决定都要征求他的意见。

　　有一天，当全家正在吃晚饭时，有人敲门，一位陌生的老人站在门口。

　　"你认识我吗？"

　　"不……我不认识您。"

　　"我是你的父亲。"

　　儿子恍然大悟，平静地回答："您看，这位才是我父亲……而您，对我来说只是一位老人。"

　　"可我是你的亲生父亲啊，"老人哀求道，"让我留下吧！"

　　"好吧，您可以住在这里，"儿子说，"但我不能像爱父亲那样爱您、尊重您，更不会称您为父亲。"

　　就这样，老人也住进了这个被苹果树和樱桃树环绕的大房子里。

　　夏日里，全家人常常围坐在果园的小桌旁，欢声笑语不断。只有那位来找儿子的老人，总是独自坐在窗前，低着头，默默哭泣。

　　这个故事值得每一位父亲深思，也值得即将步入婚姻的年轻人认真思考。维系家庭的精神力量是爱，是父母与子女之间那种始终如一的爱。但爱不是从外部来的灵感或启示，爱是巨大的劳动。正如伟大作家陀思妥耶夫斯基所说："家庭是通过不懈的爱的劳动建立起来的。"

　　爱的劳动是一种理性的渴望，其本质就是在孩子身上重塑自己，延续自己内在的精神之美。如果你真心爱自己的孩子，如果你对他们始终如一，那么你对妻子的爱不仅不会随时间消逝，反而会变得更加真挚专一。爱是成熟的果实，却孕育出娇柔、脆弱而任性的新生命。要在孩子身上延续自己，意味着要用一颗成熟的心去投入爱的劳动。

人要在世界上留下自己的痕迹

你现在还是个孩子，但你终将长大成人

　　你已经七岁，踏入了学校的大门，然而你的父母仍把你当作一个需要呵护的小孩，认为你缺乏自我保护的能力。的确，你还需要大人们的悉心照料、操心与帮助。在这个复杂多变的世界里，你离不开他们的守护。你目前是个孩子，但切莫忘记，十年后毕业之时，你会成为大人的。再过十年，你将不再是那个七岁、懵懂无知的孩童，而是成为一名独立的劳动者、战士。这十年，对于一个七岁的孩子来说，似乎是一段漫长而艰巨的时光，但这却是成长的必经之路，也应当在孩子的脑海中有所体现……不过，对于你们的老师而言，十年并非那么漫长……他深知，那棵与学校同龄的老椴树，十年过去依然屹立不倒，而青年时代种下的那株葡萄，至今仍枝繁叶茂，生机盎然。

　　要善于畅想自己的成长，这将助你成为一个真正的成年人。你的父母和老师都在努力培养你，然而，你必须铭记，你未来会成为什么样的人，取决于你自身的努力和自主性，而这种努力与自主性应该随着你的成长而不断增强。作为你的老师，我要郑重地告诉你：你将成为什么样的人，你的才能会如何发展，你身上会展现出怎样的光芒，都取决于你在童年时代的经历与活动。要珍惜大人给予你

的照顾与关怀，心怀感激，同时也要努力尽快摆脱对他们的依赖。不要畏惧成年后劳动的艰辛与困难，总之，不要害怕任何挑战。你应当引以为豪的是，你成长为了一个坚韧不拔的人，并且在爱好劳动、坚持不懈和自觉性方面，已经接近成年人了。

是否应该向孩子们讲述这些呢？多年的教育经验让我深信，总是把孩子当作小孩子看待，是学校教育尤其是家庭教育的一大弊病。正是由于忽略了"今天的孩子将是明天的大人"这一事实，才常常带来令人不悦的意外。培养孩子成熟的心智很重要，这关系到孩子智力、品德和创造力的全面发展。这种成长教育不能只针对七岁的孩子，而应该贯穿整个童年时期。其中最关键的是培养孩子的创造力，因为只有当每个孩子都能充分展现自己的才能时，这样的教育才算成功。我们决不能将这个问题狭隘地视为心理问题。

一个人的幸福，归根结底取决于他所拥有的才能，以及这些才能在他身上所展现出的光芒，并将伴随他的一生。从某种意义上说，个人的幸福也是社会的幸福。如果一个人从童年到少年、青年，再到成年，始终知识浅薄、毫无本领、一事无成，那么构建一个和谐的社会是无法实现的。能力的形成与发展，是一个涉及广泛道德教育的重要问题。多年的经验已经证明，一个人的才能是从童年时期就开始形成的，为了让年轻人坚信自己将拥有成熟的思想和健全的心灵，引导他们向往成年时代是至关重要的。

每个心理健康的孩子，内心其实都为创造性才能的发展预留了空间。天赋给每个人都铺好了路，让他们都能踏上创造之路。孩子将来会展现出哪方面的才能，关键在于他幼年时期（特别是上学前两三年和刚开始接受学校教育的那两三年）的经历。另外，孩子对这些经历持什么态度，取决于大人能在多大程度上激发和引导他的思想走向成熟、精神走向成长，这一点非常重要。

因此，必须有一条激励孩子们思考成年时代的道德教诲。

人类大脑与其他高等动物最大的区别在于，人类大脑需要更长的发育成熟期。儿童大脑的成熟，是在他们紧张忙碌、活泼灵动且丰富多彩的精神生活影响下逐渐实现的。乍一看，这似乎是不可思议的奇迹，但这并非源自天赋的恩赐，而是人类自身创造的非凡成果。儿童每日都在生活与成长，他们体验着快乐与忧愁，会欢笑也会哭泣，心中有爱也有怨。然而，他们又好像尚未完全融入这世间，而大脑成熟期正是大脑最具可塑性的黄金阶段。在这一关键时期，儿童不仅对外部世界格外敏锐，对自己"尚未完全发育成熟"的身体机能当下该做什么、如何在思维中构建外部世界的模样、怎样去审视周遭世界，也极为敏感。所以，我们关注的焦点不应仅局限于孩子本身，更要关注奠定未来根基——人类各项能力基础——的大脑。我们通常所说的"天赋"大脑，实际上只是从母亲体内带出来的一种有生命的物质。而一个真正充满活力和智慧的生命，只有在大脑成熟过程中最具可塑性的阶段才开始真正展现。

父母展现教育智慧的方式，是在孩子大脑发育最具有可塑性的黄金时期，引导他们参与他们最感兴趣且对大脑发展有益的活动。教师的工作，则是将父母的这种智慧加以系统整合与升华。

从某种层面而言，孩子是稚嫩且缺乏力量的，离不开我们的悉心关怀与帮助。但切不可让他们觉得自己软弱无能，恰恰相反，要引导他们凭借自身行动去证明自己坚韧强大，要让他们意识到，他们周围有许多比他们更弱小的人需要他们的保护和照顾。为此，必须向他们传递这样一条深刻的人生箴言："你现在虽是孩子，但请铭记，你终将长大成人。"要让他们始终抱有这样的信念：你不会永远只是一个孩子。只有人类才会拥有这样的思维与觉悟；对于人类而言，求知欲是我们内心深处最根本的追求。

我认为，一项至关重要的使命，就是避免孩子刚踏入校园，生活就变得枯燥单调——仅仅扮演学生的角色。这对于孩子的智力发展而言，是极其危险的隐患。从学生入学伊始，他们的学习生活往往充满了重复和单调的活动，例如死记硬背（这是学习过程中不可避免的一部分），在这种情况下，开展一些专门的活动，换句话说，为孩子们的好奇心和求知欲提供养分，就变得特别重要。像思维训练这样的课程，它们能够拓宽孩子们的视野，就如同上述提及的人生箴言一样，是教育不可或缺的一部分。

需要特别强调的是，儿童在学校实践场所（如工作室、试验田、果园、畜牧场）的劳动，应当具有成人劳动的实质特征。我们要让孩子们在每次劳动中都体验到真实的职业情境。我们学校配备了供孩子们使用的小型机械设备，如拖拉机、汽车、摩托车、脱谷机、割草机、扬谷机等，还设有儿童发电站，并配备了一整套预防事故的安全设施。

那条饱含深意的人生箴言"你现在虽是孩子，但请铭记，你终将长大成人"，正是为了让孩子们明白：当他们驾驶真正的收割机劳作时，不仅在学习技能，更在塑造着成人的思维方式。在成人眼中，这些活动或许像游戏；但对孩子来说，这是严肃的工作（就像他们真正的游戏也从不只是玩耍那么简单）。

小学低年级的教师团队，要努力让孩子的劳动体验和成年人一样，充满责任感与使命感。一个人在少年时期就应当目睹自己童年劳动的丰硕成果：比如他亲手栽种的小树苗，如今已长成参天大树，即将结出累累硕果；他亲自播下的小麦种子，经过细心照料，如今已长成一大片金黄的麦田。

童年时期那些富有创造性、充满希望、洋溢着乐观情绪的劳动，是思维和智力蓬勃发展的源泉，是任何事物都无法替代的。打个比方，它既是推动求知欲的燃料，又是让燃料得以充分燃烧的氧气，缺少了这些，求知的火焰就会逐渐熄灭。

最大的快乐，莫过于新生命的降临

最大的快乐，莫过于新生命的降临。你得知道，你的到来，是父母最大的欢喜。每年生日，他们总会满怀激动地回忆起你呱呱坠地时的情景，你第一声啼哭的模样，你开口说的第一句话。每个人来到这世上，不只是家族血脉的延续，更是无可比拟的财富，他本身就是国家繁荣、昌盛、强大的根基。人的诞生，承载着人民的未来，寄托着父母的欢欣。

孩子纯净的心灵、高尚的品格，以及与同伴间真挚的道德情谊，都源于他们对生命诞生的认知与态度——特别是对孕妇，尤其是对自己即将分娩的母亲的尊重与关怀。我们的教育肩负着双重使命：既要培养孩子们对生命诞生怀有崇高敬意，又要为未来的父亲和母亲奠定品格基础。

乌克兰有个村子，把新生命的降临当作全村的节日来庆祝，学校在这方面起到了积极的引导作用。我觉得应该多给青少年讲讲第聂伯河岸边那个小村子的故事。我还把这个故事编入了我那本叫《拖拉机为什么沉寂了》的文集里。

在一个健康的家庭里，孩子们与兄弟姐妹之间的情感交流非常重要。独生子女家庭在情感教育方面往往有所欠缺。对他人的关心和爱护，通常都是从关心自己的兄弟姐妹开始的。这种血缘亲情是培养同情心、关爱他人能力的重要基础。对女孩来说，这是培育母爱的第一课堂。

家里有新生命降临，或者即将迎来新生儿，正是塑造孩子品德的关键契机。我们特别珍视这样的机会，因为新生命的到来往往能激发孩子最美好的情感品质。从得知自己将拥有弟弟或妹妹的那一刻起，孩子们天性中最温暖的一面就会自然流露。我们常常这样建议家长："若想培养孩子的爱心、责任感与奉献精神，请不要让孩子独自成长。拥有兄弟姐妹的经历，对孩子的品格培养至关重要。"

小弟弟或小妹妹的出生，为家庭的和谐相处和道德观念的培养提供了最好的机会，能让弟弟妹妹、哥哥姐姐和父母之间的关系更加融洽。

无论是和孩子聊天，还是在给父母提出建议时（这些建议只有在彼此完全信任，且与家庭长期合作的基础上才有可能提出），我们始终秉持一个原则：让哥哥姐姐把迎接新生命的到来当作生活中的喜事，让他们亲身感受到，这是道德上的升华与进步，让他们明白：从现在起，我将肩负新的责任，我不再仅是父母的孩子，还成了哥哥或姐姐。如果学校能够协助父母，指导他们如何与孩子沟通（包括该说什么，不该说什么，如何回答孩子的问题），那么这件事就能以最纯净美好的方式，深深印入孩子的精神世界。

让父母和老师时常感到困扰的问题是，该如何向孩子解释生命的起源呢？有人认为，应该讲鹳鸟送子的故事；也有人相信，把真相全部或大部分告诉孩子更好；还有人觉得，最恰当的回答是："你还小，等你长大了自然会明白。"

从道德层面讲，讲鹳鸟送子的故事最为合适，因为这是艺术化的表达，体现了人民的智慧和诗歌的魅力，既能保护孩子敏感的心灵，又能恰当地解释生命这个话题。给孩子讲美好的童话吧，讲善良的鹳鸟的故事吧；他们会像理解其他童话一样，用纯真的心去接受它。其实，在每个人内心深处，总要保留一点半真半假的幻想，不然，人就失去了人性的温柔。人需要一点诗意的想象，不然就会变得粗俗。当孩子看到家里新添了小弟弟或小妹妹，那种激动的兄弟情谊会油然而生，而通过这些浪漫的故事，他们的求知欲也能得到满足。这种方法不仅没有危险，反而能培养出纯洁的心灵。我专门为学龄前的孩子和低年级小学生编了一个关于生命诞生的故事，现在讲给你听。

"来，我给你们讲个故事。"

"奥莲卡，你问弟弟是从哪里来的，怎么来到你身边的？为什么你的妈妈成了他的妈妈？你怎么成了他的姐姐？他又怎么成了你的弟弟呢？好吧，孩子们，听我给你们讲一个世界上最真实的童话。你们看，东方泛起了红光，太阳快要升起来了。在那遥远的地方，就是太阳晚上休息的地方，太阳有一片美丽的罂粟地。噢，太阳马上就要回到自己的罂粟地了。红彤彤的罂粟花在那里常年盛开，一条清澈的小溪在山谷中欢快地流淌。奥莲卡，你知道吗？太阳会给世界上所有的妈妈，包括你的妈妈，送上一束罂粟花。当妈妈想着自己会有个什么样的孩子时，她的愿望就会实现。在那束罂粟花中，就会诞生一个男孩或女孩。新生命就这样在妈妈的期盼和太阳的光芒中诞生了。婴儿躺在鲜红的罂粟花瓣上，伸出小手在微笑。噢，他是想投入母亲的怀抱。就在这时，从罂粟地上空飞来一只银翅膀、绿眼睛的鹳鸟。鹳鸟轻轻抱起婴儿，送到妈妈手中。这就是她心心念念的孩子，是她用爱意孕育的宝贝。奥莲卡，你也是这样来的，是太阳按照妈妈的愿望把你带到这个世界上来的。那只神奇的鹳鸟送完小宝宝后，又飞回罂粟地去了。因为世界上还有很多很多的妈妈，每个妈妈都有自己的愿望……"

能否让孩子对新生命，甚至在新生命还未出生时就怀有爱护、关怀、热切的态度，这就要看父母是否有智慧了。

人生下来是为了在世间留下自己的印记

人来到世上，不是为了像尘埃一样无声无息地消失。我们来到这个世界，是为了在自己身后留下永恒的痕迹。

一个人首先要做的是留在人们的心中，这就是我们所说的不朽。我们活着，就是为了让子女永远记住我们，让他们在激情与奋斗中延续我们的精神。这正是人生最大的幸福与意义。如果你想活在人们心中，那就好好培养你的孩子吧。培养下一代，是我们最重要的社会责任。

一个人的道德品质，取决于他在父母身上看到的生活的意义有多深远。作为教育者，我们的使命是培养不仅能为当下负责，更能为未来负责的人。他们将来的行为，包括智慧、情感和信念，都是从现在开始就要慢慢培养的。

在姑娘们十六岁成年（按照当时的法律规定）时，我给她们讲了乌克兰民间故事《谁是世界上最高明的大师》。

我希望每个学生在校期间都能学会一门非常微妙而复杂的学问——认识自我。让每个人在青少年时期就都思考：我在人群之中，在劳动中，在充满活力的岁月里，能留下什么样的印记？即便我只是为人类生活的永恒之海注入微小的一滴水珠，那这滴水珠又该包含什么？

为什么这种自我认知如此重要？我们应当通过怎样的教育方式来实现这个目标？

要让孩子学会认识自己，首先要教会他们观察生活。要引导他们学会观察身边的人，发现人性中的美好，并为之感动和赞叹。在这个过程中，要让孩子学会观察他人的优点，并对照检查自己的行为。

给青少年讲一讲生活的经历，我认为这非常重要。

年轻人啊，生活正像初升的太阳般向你们展示它的全貌。你们要耕耘土地、建造房屋、架设桥梁、饲养牲畜；要为候鸟归来而欣喜，为每一株麦苗的命运而牵挂；要随时准备保卫祖国的边疆。你们的智慧与才华将融入这一切之中。但只有为了人，才能毫无保留地奉献自己。

别忘了，你们以后也会成为父母。为人父母需要掌握最复杂的人生智慧。这是一项需要日复一日、年复一年付出心血的伟大事业。作为父亲，当你第一次听到孩子的啼哭时，内心会涌起难以言喻的责任感；作为母亲，你将经历分娩的痛苦，迎接新生命的到来。生活之路漫长，你们需要从年轻时就积累足够的精神财富，更要确立一个崇高的人生目标——那就是培养出优秀的人。

这里有个关于游手好闲者的故事。

有一个人，他热爱唱歌，喜欢玩乐，总是不能在一个地方待太久，今天在绿油油的田野里，明天又跑到开满鲜花的草地上，后天又跑到郁郁葱葱的小树林里。他有个儿子，他把儿子的摇篮挂在橡树上，自己就坐在树下哼着歌。

可他的儿子却长得飞快，仿佛每分每秒都在长大。有一天，儿子从摇篮里跳出来，走到父亲面前，问道："爸爸，您能告诉我，您都做过些什么事吗？"父亲被儿子这聪慧的话语惊到了，微微一笑。他想了想，该如何回答儿子呢？儿子眼巴巴地等着，父亲却沉默了，歌声也停了下来。

儿子抬头看着高大的橡树，问道："这棵橡树，是您种的吗？"

父亲低下头，没有说话。

儿子又拉着父亲来到田里，指着饱满的麦穗问："这些麦子，是您种出来的吗？"

父亲把头埋得更低，还是不说话。

最后，儿子带着父亲来到一个池塘边，望着水中倒映的蓝天，说："爸爸，您能说出一句名言警句吗？"

可父亲什么都不会做，更不会说出什么名言警句，只能低头沉默。就这样，他成了一棵谎花草。这种花从春天开到秋天，虽然好看，却从不结果，也没有一粒种子。

年轻人，你们要当心，千万不要像谎花草那样虚度一生。那样度过一生是最大的痛苦。如果你们虚度年华，碌碌无为，那么在孩子面前、在大家面前，都会觉得羞愧。

我常给孩子们讲那些受人尊敬的前辈的故事，鼓励他们去追求有意义的人生，努力在世界上留下自己的痕迹。

成为真正的"人"：在世间留下永恒的印记

这不仅关乎人类的繁衍不息，更与每个人的幸福紧密相连。生活的真谛与意义，归根结底，在于我们如何在这人世间留下自己的印记。若想在身后仍被人们铭记于心，那么，就努力成为一个真正的人吧。让自己在这世间留下痕迹，不仅是通过生育后代来实现的。人类与动物的根本区别在于，我们在繁衍后代的同时，也将自己的审美、理想与对崇高事业的执着追求传递给后代。青年朋友们，你们越是能在人间充分展现自我、塑造自我，作为公民的生活便越丰富多彩，个人生活也会因此更加幸福美满。这种公民生活与个人生活的和谐统一，还会深深烙印在你们孩子的心中。因为，他们不仅是你们个人的希望，更是民族的未来。

"祖国"这个词，是我们语言中最神圣、最美丽的词语。它不仅代表着公民精神的崇高本质，体现着民族品格的壮丽光辉，更深深镌刻在每一个人的心灵深处。

作为一名教育工作者，我常常给一代又一代的年轻人讲述《两个母亲》这个发人深省的故事，它给我留下了难以磨灭的深刻印象。

在一座大城市的郊区，有一家小医院，里面住着两位即将分娩的母亲，一位叫黑科萨娅，另一位叫白科萨娅。巧的是，她们在同一天都迎来了自己的儿子。黑科萨娅在清晨诞下爱子，而白科萨娅则在夜晚迎来了新生命。两位母亲都沉浸在无尽的幸福之中，憧憬着儿子们美好的未来。

白科萨娅满怀期待地说："我希望我的儿子能成为杰出的人物，成为举世闻名的音乐家、作家，或是才华横溢的雕塑家，让他的艺术作品流芳百世；或是成为一名工程师，建造宇宙飞船，探索遥远的星球……总之，人活一世，总要有所作为……"

黑科萨娅则说："我的愿望很简单，就是希望我的儿子能成为一个善良的人，无论何时何地，都不会忘记母亲和自己的家乡，真诚地热爱祖国，坚定地憎恨敌人。"

两位幸福的父亲每天都来医院探望妻儿，他们满怀爱意地凝视着摇篮中的新生儿，眼中闪烁着喜悦、惊奇与慈爱的光芒。随后，他们各自坐在妻子的病床边，长久地低声细语，分享着对新生儿未来的种种美好设想。一周后，这两位初为人父的丈夫都欢喜地将妻子和儿子接回了温暖的家。

三十年后，两位母亲又不约而同地住进了那家小医院。她们的头发已经斑白，脸上也留下了岁月的痕迹，但依旧美丽动人。两位母亲久别重逢，再次住进了三十年前生儿子时的那间病房。她们分享着生活的点点滴滴，有欢乐也有苦痛。她们的丈夫都已在战场上牺牲。但不知为何，在谈及自己的生活时，两位母亲都默契地避开了儿子的话题。最后，黑科萨娅鼓起勇气问道："你儿子一定很有出息吧？"

"他呀，成了著名的音乐家，"白科萨娅自豪地回答道，"现在是县城里大剧院的乐队指挥，成就非凡。难道你没听说过我儿子吗？"她随即说出了音乐家的名字。确实，这个名字在当地几乎家喻户晓。不久前，黑科萨娅还在报纸上看到这位音乐家在国外演出取得巨大成功的报道。

这时，白科萨娅也问道："那你儿子现在在做什么呢？"

黑科萨娅温和地回答："他是个朴实的庄稼人，确切地说是集体农庄的农机手，有时候也在畜牧场帮忙。从早春到晚秋，直到白雪覆盖大地，他都在田间地头辛勤耕作，年复一年，始终如一……我们家住在离这一百公里的村子里。我儿子有两个可爱的孩子——一个三岁的小男孩和一个刚出生不久的小孙女。"

"唉，你可真没福气，"白科萨娅不无遗憾地说，"你儿子只是个默默无闻的普通人。"

黑科萨娅听了这话，只是微微一笑，没有多说什么。

就在当天下午，黑科萨娅的儿子专程从遥远的村庄赶来探望母亲。他穿着一身干净整洁的衣服，坐在母亲床边的白色椅子上，与她亲切地交谈了很久很久。母亲的眼中流露出幸福的光芒，仿佛在这一刻，她忘却了世间的一切烦恼。她紧紧握住儿子那双被阳光晒得黝黑而粗糙的大手，脸上洋溢着幸福的笑容。临别时，儿子有些不好意思地从手提包里取出一串晶莹剔透的葡萄、一罐金黄的蜂蜜和一些新鲜的奶油，整齐地摆放在床头柜上，轻声说道："妈妈，您好好养病。"说完，他深情地亲吻了母亲的面颊。

而白科萨娅的床边却始终无人问津。晚上，病房里静悄悄的，黑科萨娅躺在床上，脸上洋溢着幸福的笑容，想着想着就轻轻地笑了起来。而白科萨娅则自言自语道："我儿子正在参加音乐会，如果不是演出任务在身，他一定会来看我的……"

第二天傍晚前，那个庄稼人又从遥远的村子赶来看望黑科萨娅。他依旧坐在那张白色椅子上，陪伴母亲很长时间。白科萨娅也听到他谈论着"地里的活儿正忙得不可开交，他们得日夜不停地干"之类的话题。告别时，儿子又将新鲜的蜂蜜、松软的白面包和红彤彤的苹果整齐地摆放在母亲床头。黑科萨娅的脸上洋溢着幸福的笑容，皱纹也舒展开来。

而白科萨娅的床边，依然冷冷清清，无人探望。

晚上，两位母亲都静静地躺着。黑科萨娅在微笑，而白科萨娅却在轻轻叹着气，还生怕邻床听到她的叹气声。

第三天傍晚时分，那个孝顺的儿子再次从遥远的村子赶来看望母亲黑科萨娅。他带来了西瓜、葡萄和苹果……他还把那个有着明亮黑眼睛的三岁大的小儿子也带来了。儿子和孙子在黑科萨娅床边坐了很久很久，黑科萨娅的眼里充满了幸福的泪花，整个人都显得年轻了许多。小孙子兴奋地向奶奶讲述，昨天下午他和爸爸一起登上联合收割机驾驶室的经历，小孙子说："我长大了也要当联合收割机手。"这些温馨的对话一字不落地传到了白科萨娅的耳中，让她心中阵阵刺痛。黑科萨娅在与他们道别时，满怀爱意地亲吻了小孙子……而此刻的白科萨娅突然想起，她那个著名的音乐家儿子，在一次长期外出旅游前，把孙子送进了一所全托制的寄宿学校。

两位母亲在医院住了一个月，那个身为庄稼人的儿子每天都从遥远的村子赶来探望妈妈黑科萨娅。儿子的陪伴与微笑，仿佛是母亲康复的良药。而白科萨娅似乎也察觉到，每当邻床的儿子来探望时，医院里的人都在默默地为黑科萨娅祈祷，希望她能早日康复。

然而，白科萨娅却一直无人问津。一个月过去了，医生对黑科萨娅说："您现在已经完全康复了。心脏没有任何杂音，心律也恢复了正常。"而对白科萨娅却说："您还需要继续住院治疗。不过，我相信您也会很快康复的。"医生在说这话时，似乎有些心不在焉。

终于，儿子来接黑科萨娅出院了。他特意准备了几束鲜艳的红玫瑰，送给悉心照料母亲的医生和护士们。医院里所有的人都露出了欣慰的笑容。

在最后分别的时刻，白科萨娅请求与黑科萨娅单独相处几分钟。当病房里只剩下她们两人时，白科萨娅泪流满面地问道："亲爱的，请告诉我，你是怎样培养出这么优秀的儿子的？我们同一天生下儿子，你如此幸福，而我……"她哽咽着说不下去了。

"这次分别后，我们可能再也见不到彼此了，"黑科萨娅轻声说，"这样的重逢恐怕不会有第三次了。所以，我要告诉你全部的真相。我的亲生儿子，还不到一周岁就夭折了。而现在这个，虽然不是我的亲生骨肉，却是我最亲爱的儿子！在他三岁那年，我收养了他，他虽然模模糊糊地知道这一点……但对他来说，我就是他真正的母亲。这些你都亲眼看到了，我确实很幸福。而你的处境让我深感同情。这些天来，我无时无刻不在为你感到难过。其实我早就想出院了，因为我知道每次我儿子来看我，都会给你带来很大的痛苦。等你出院后，去找你的儿子吧，告诉他：'你的冷漠终将得到报应。你今天怎样对待母亲，明天你的孩子就会怎样对待你。对那些冷酷无情对待父母的人，永远不该轻易原谅。'"

爱国主义教育必须从孩提时代就开始。一个不能成为父母真正好儿子的人，永远不可能成为祖国真正的好儿子。

爱是最微妙的、忠诚的种子。它是整个教育体系中最精妙的部分——在少年稚嫩的心灵中培养对伟大祖国的忠诚情感，对背叛行为、背信弃义和虚伪态度的毫不妥协的精神。

坚持崇高的理想和道德标准，就像在刀尖上走路一样难。这时候，能让我们不偏离正道的，就是心里那个叫"良心"的标尺。只有当我们真正建立起对伟大、崇高和永恒价值的坚定信念，才能拥有纯洁的良心，也才能真正获得自我完善的能力。培养人的关键在于，要对他人、对值得爱的人、对忘我劳动者、对勇于牺牲者忠诚。随时准备为所爱之人献出生命——公民的献身精神和忘我精神正是由此开始的。贯穿青少年集体精神生活的一条线索，应当是深刻的思考和真诚的关注。我们每个人都将会拥有自己的孩子，疼爱、呵护孩子，让他们意识到自己是我们的儿子，这其实是相对容易的。但是，要让孩子们从心底里感到有责任，要让他们对自己所做的每一件事都认真负责，并且对我们这些经历过过去、并将这些记忆传递给他们的父母保持忠诚，这就需要更多的努力和时间了。我常常提醒那些即将开始独立生活的青年男女：把孩子培养成有道德、有知识、能为社会贡献力量的人，这是你们对社会、对人民应承担的神圣责任。

在学生们毕业晚会前夕，我带着即将获得毕业证书的年轻人来到鲜花盛开的森林。在这片生机勃勃的大自然中，我们进行了一次推心置腹的深入交谈。我在心中将这次谈话称为"对未来的父母进行的最后一次告诫"。为了这次谈话，我精心选择了那些能够触动公民良心最隐秘角落的话语。

我对即将踏上人生新征程的毕业生们说：

请永远记住，一个人所能获得的最高荣誉，就是为社会培养出真正的公民；如果你们能够做到这一点，就必将获得为人父母的最大幸福。而在这一幸福之中，实际上就蕴含着你们生活的意义。年轻的朋友们，请认真想想我说的这些话。你们要像警惕灾难一样，警惕自己逃避困难想法的倾向。那些让我们不舒服的、不愉快的、艰难的想法，恰恰是我们最需要接纳和消化的。

　　一旦你开始习惯性地回避这些困难的想法，这个坏习惯就会像滚雪球一样越来越大。慢慢地，你们会变成不合格的父母，也会变成不合格的社会一员，而你们所追求的幸福也将化为泡影。年轻的公民们，请务必牢记：如果你们的心灵像干涸的土地一样，只知道贪婪地吮吸幸福的水滴，却从不愿为他人的欢乐放射出丝毫光芒，这样的心就会逐渐变得自私自利，与那些崇高的激情和理想背道而驰。要像正在学习飞翔的雏鹰时刻警惕悬崖一样，你们作为未来的父母，也要时刻警惕自己的子女不愿为他人幸福去奉献的危险倾向。那些不懂得为他人创造幸福的人，永远无法真正理解祖国的含义，也永远体验不到个人与民族传统之间那种神圣的血脉联系。

　　每个人都应当具备强烈的责任感，每个人都应当有所奉献。要对劳动负责，对行为负责，对爱与恨负责，对你们说出的每一句话负责。但最高尚、最艰巨、最不可动摇的责任，是父亲对孩子的责任。这种责任的最高裁判者，是人民，是祖国，是我们自己的良心。青年朋友们，无论你们将来成为农民还是医生，成为工人还是教师，成为工程师还是建筑工……你们首先都要成为父亲和母亲。作为父母，我们付出的关爱与劳动，我们对过去历史的认知和对未来的展望，这一切都在塑造着我们民族的精神面貌。只有当父母对邪恶采取毫不妥协的严正态度时，我们的民族才能真正变得美好而强大。

　　每当小伙子的目光与姑娘的眼神交汇时，那一颗颗炽热的心总会剧烈跳动，呼吸仿佛都要停止了。你们每一次的亲密接触，都会产生难以言喻的情感、希望和幻想的冲动。你们憧憬着幸福美好的未来。老一辈人已经把无价的财富传承给你们，但只有当你们的心灵与这些宝贵财富息息相通时，它们才能真正成为你们的幸福源泉。老一辈可以将一切传承给你们，但没有人能够代替你们培养下一代。这需要你们自己努力付出。世界仿佛随着每个人的诞生而重新开始，你们将创造怎样的世界，完全取决于你们自己。

如何恰当地为亲人庆贺生日

你的同学迎来了弟弟或妹妹的诞生，你理应送上真诚的祝福。为他人庆贺生日，实则是一种修养的体现。

生日对每个人来说都是特别的日子，如果在这一天没有人向他祝贺，甚至没有人提及，那他可能会感到孤独和不幸。有些人可能不会因为孤独而伤心，但他们会感到不幸。你应该记住家人的生日，包括父母、祖父母、兄弟姐妹的。家庭的幸福来自我们彼此间的温暖和关爱。每一个家庭成员，都拥有一个属于自己的生日。

在亲人生日的当天，你不妨比平常起得早一些，亲自向过生日的人表达你的祝福："祝您生日快乐，愿您健康、幸福、充满活力、思维敏捷。"若对象是晚辈，不妨提醒他们今天又长大了一岁，让他感受到成长的喜悦。不同年龄阶段的人对生日的感受各不相同：童年时充满期待，少年时满怀喜悦，青年时带着焦虑，中年时略带忧郁，而老年时则难免感伤。

在给长辈或姐姐庆生时，最好不要直接提及具体年龄，特别是对二十多岁的女性，因为美丽与青春是女性永恒的追求。岁月虽能创造美，却也能侵蚀美，时间一去不复返，如同那些无法重来的经历与感受。幸福，并非源于年龄的增长，而在于它给我们带来了什么。庆贺生日时，需把握分寸，细腻入微。该说什么、不该说什么，都能体现一个人的修养。对于孩子的生日，不要说"祝你长寿"，因为他们可能还无法理解这些话的含义。

在给亲人庆祝生日时，准备一份礼物是必不可少的。这份礼物承载着你的心意，彰显着你的教养，是你内心情感的具体表达。学会制作礼物或挑选礼物，是重要的能力。对于你深爱的亲人而言，你亲手制作的礼物更加珍贵——无论是培育一束鲜花、绘制一幅素描、创作一首诗歌，还是制作一本纪念册，甚至是点缀着你手绘或诗作的普通笔记本。只要融入了你的心意，都是最好的礼物。如果不擅长写诗，不妨记录一件难忘的往事或温馨小故事。为母亲庆生时，你可以撰写一篇关于她的回忆：在你最初的记忆中，母亲是怎样的形象。在父母生日时，用父母给的钱为他们买礼物是不太合适的。如果实在不擅长亲手制作，又想要表达心意，可以省下一些日常开销来准备礼物。例如，把母亲每天给的十到十五戈比午餐钱攒几天，用来买一本父母喜欢的书，这样的举动定能赢得父母的欢心。礼物的贵重与否并不重要，重要的是其中包含的情意。生日礼物的真正价值不在于价格，而在于你为了给亲人带来欢乐所付出的心意和努力。这份价值是无法用金钱衡量的。

对爷爷奶奶而言，你的生日祝福格外珍贵。忘记他们的生日，是对长辈情感需求的疏忽，值得反思和改进。你同样不应忘记年迈老师的生日，尤其在他们孤寂之时。

生日是家庭的喜庆日，是亲人的节日，而不是社会的节日。在社会上，如果有人在五十岁之前或未得到社会普遍认可时就庆祝生日，可能显得不够谦逊。但在家庭中，尤其是成年人的生日，应该隆重庆祝。

在学校里，尤其是在集体宿舍中，为每个学生举办隆重的生日庆祝活动并不合适。遗憾的是，这种做法仍然相当普遍：把同月出生的学生集中在大厅，让他们坐在所谓的"光荣席"上接受程式化的祝贺……很难找到比这更缺乏真情实感、更形式主义的做法了。从教育的角度来看，这种庆祝方式存在诸多问题：可能伤害青少年敏感的心灵，容易让孩子从小就养成追求排场、做表面文章的不良习惯，从而忽视了生日最本质的意义——这是一个属于亲人的特殊日子。

即便是社会名流的生日庆典，在公开场合的庆祝活动结束后，也必定要有家人私下的团聚。没有这样的私人时刻，生日就失去了它最珍贵的意义。真正的生日庆祝，应该只邀请那些真正走进你内心、与你有着深厚情感联系的人参加。

教育孩子真诚地祝福他人生日、用心准备礼物固然重要，但更重要的是要让孩子先学会用心感受。只有当孩子具备了这种感受力，老师和家长的话才能真正触动他们的心灵。当孩子日后面对人际关系的困惑时，才会恍然领悟老师、父母的话中蕴含的深刻含义。有时，一句简单的话语就像投入心湖的石子，能在孩子内心激起层层涟漪，唤醒最深处的情感共鸣。这种教育契机往往在不经意间出现，却可能对孩子产生深远的影响。

　　在小学二年级的课堂上，女老师注意到乐观、开朗、富有同情心的小女孩加利娅举手。

"加利娅，你想说什么？"老师问。

"玛丽卡有小弟弟啦！"加利娅兴奋地说，脸上洋溢着幸福的笑容，仿佛是自己添了个弟弟。玛丽卡是她的好朋友，两人同桌，坐在窗边。加利娅话音刚落，三十双眼睛便都齐刷刷地看向玛丽卡。小姑娘羞红了脸，这种独特的感受，一生只有这一次。七岁的孩子或许还不完全明白弟弟妹妹出生的意义，但这份惊喜却实实在在地提升了她在家庭中的"地位"，也为她展现纯真情感提供了新的契机。这种微妙的心理变化，我们成年人往往难以体会。若能深入孩子们的心灵世界，便能让孩子意识到，是血亲与极亲之人将他们带到这个世界，那个生养他们的亲人，便是母亲。这便是我们应对成为哥哥姐姐的人倍加尊重的原因。我们的重要任务是，让成为哥哥姐姐的人，在新位置上获得比以往更多的尊重。

"玛丽卡有小弟弟啦！……玛丽卡有小弟弟啦！……"教室里充满了窃窃私语。老师与孩子们都笑了。

"这真是太好了！"老师走到玛丽卡跟前，亲吻了她。"我们祝贺玛丽卡的妈妈、爸爸有了儿子；玛丽卡，我们也祝贺你，有了弟弟。"

加利娅也拥抱并亲吻了玛丽卡……

"我们说祝贺，这到底是什么意思呢？"米科拉突然发问，语气里带着一丝困惑。孩子们你看看我，我看看你，似乎都被这个看似简单的问题难住了……其实，他们心里都明白，米科拉哪里是不懂，他不过是想借这个提问，驱散自己心中的一丝不确定罢了。所以，当他问完问题，还轻轻叹了口气。

教室里顿时安静下来，所有人的目光都转向老师，期待着她的解答。

"这意味着玛丽卡家迎来了大喜事。一个人的降生，为全家人带来了幸福：玛丽卡的妈妈、爸爸有了儿子；玛丽卡有了弟弟，不再孤单；玛丽卡的爷爷奶奶，既得孙女又添孙子；姑姑、叔叔有了可爱的侄子；

玛丽卡的堂兄弟有了堂弟；就连我们，也多了个新朋友。这么多人，都因为这个小生命的到来而感到幸福。这就是我们要衷心祝贺的原因。

　　"而且，一个人的诞生，还预示着未来的希望。他，玛丽卡的小弟弟，是我们中最小的成员。你们这些男孩子，将来会成为苏维埃的战士，守护祖国；而他，才刚刚开始学习，连'妈妈'这个词都写得歪歪扭扭。正是因为有你们在边疆的坚守，才能换来他安睡的摇篮。他梦中绽放的笑容，就是你们忠诚守卫的最好见证。我们的祖国，强大而不可战胜，她会为每一位母亲的付出、每一个新生命的到来而欢呼。虽然还不知道玛丽卡的弟弟将来会成为怎样的人——也许是一位耕耘者、航天英雄，或是建筑工人、牧羊人，园艺师或是机械师——但他的父母很快会来学校，从我们民族的名字宝库中，为他挑选一个最美好的名字。无论他选择什么样的人生道路，父母都会用全部的爱，将他培养成祖国的骄傲。这，就是我们衷心祝贺的意义。"

　　教育孩子，就该这样用心去感受。老师要以真诚的态度，去触碰孩子们的心灵，去理解他们的理智与情感。只有这样，老师说的每一句话，才能像钥匙一样，打开孩子们内心深处那扇门。因为师生之间，就像站在同一角度观察世界——我们为同样的伟大而震撼，为同样的瞬间而感动。这种心灵的共鸣，正是教育最珍贵的所在。

第五章

▼

劳动
与义务

为什么你的付出换不来感恩

我收到了一封特殊的来信，写信人是村里一位备受尊敬的女庄员。她在信中向我倾诉了她的烦恼与无奈。

> 我实在羞于启齿。我有一个十六岁的儿子叫阿纳托利。我非常疼爱他……但现在却不知该如何是好。他既不愿学习，也不愿干活儿，整日游手好闲。不久前，他冲我说："如果节日前你不给我买一套新衣服，我就不上学。"我回答他："现在不能买。而且，我把所有的钱都花在你身上了，很多东西我都舍不得给自己买。"可他却毫不领情，恶狠狠地说："谁让你是母亲，这是你活该！"说完就摔门而去。

这封信让我感到非常不安。母子俩就住在学校附近，坐公交车不过几小时的路程。于是，我决定深入了解情况，与阿纳托利、他的母亲以及他的老师们进行一次深入的交谈。

老师们都难过地说："母亲是一位出色的劳动模范，得过勋章，她的儿子却是个游手好闲的人，真是不可思议。"

这到底是怎么回事呢？一位对劳动满怀热忱、毕生都在为他人默默奉献的慈爱的母亲，怎么会养育出那样一个儿子？一位心地纯善、关怀他人细致入微的母亲，又怎会拥有一个如此冷血无情的儿子？我决心去探寻这位十六岁青年在童年与少年时期的生活轨迹。探寻的目的，在于再次揭开那个困扰我三十年、让我思绪不宁的真相。

从孩子呱呱坠地，第一次用哭声向世界宣告自己到来的那一刻起，他的每一个细微举动、每一项行为就已开始。他逐渐开始探索这个世界，并用他的智慧和心灵去感知它。当他看到母亲，投之以甜美的微笑时；当他萌生出第一个模糊的念头，若这也能算作思想的话，他或许就会天真地觉得，母亲（还有父亲）是为了他的快乐与幸福而存在的。当孩子渐渐学会站立行走，看到鲜花在风中摇曳、蝴蝶在花丛中翩跹起舞，或是得到新玩具时，他会兴奋不已。这时，母亲也好，父亲也罢，都会为他的快乐而满心欢喜。注意，一种行为模式正是在这样的互动中逐渐形成。若一个孩子从始至终都只关注自身需求，行为和兴趣都是为了满足个人的欲望，这种状态持续下去，那他的成长就极有可能偏离正轨。他对生活的索取会越来越多，而对自己毫无约束，如此一来，他的发展必然难以正常进行。

如此一来，那种懒惰、游手好闲、不劳而获、冷血淡漠，对他人为自己的辛勤付出无动于衷的恶习，便悄然萌生出纤细、脆弱的根须，这些不良习气汲取着心灵的养分。随着时光流转，孩子的内心会逐渐变得空虚，最终陷入深深的失落。对于那些在童年和少年时期无忧无虑、心满意足生活的青年人而言，当他们初次踏上独立劳动的人生道路时，这种失落感便会骤然袭来。

要培养人格健全、和谐发展的人，必须将人的日常行为与最基本的诉求——有时甚至是原始本能——同"义务"这一最强大、最细腻且最具智慧的力量紧密结合。事实上，人的生活往往始于那些我们虽不情愿，却为了集体利益而必须承担的责任。

若将那更为崇高的精神追求——"义务"这一理念，尽早融入孩子的生活，那么孩子必将在成长的道路上，逐渐展现出高尚的品德、丰富的精神世界、纯洁的道德情操以及坚如磐石的忠诚。

那么，究竟该如何培养孩子的这种义务感呢？

我花了几十年时间，编了一本叫《义务之美》的文选。这里面收集了一些伟大、高尚的人在国家、社会还有亲人面前，认真履行义务的故事。

阅读这些关于义务之美的故事，是想让孩子们明白，走进生活，就是要承担义务，是在为自觉、高尚的劳动做准备。

为了让孩子在实践中体会劳动的意义和义务感，我们开展了一系列活动。男孩们建了一个果园，我们形象地称它为"母亲果园"，旁边还有个葡萄园。每个孩子都拥有一棵属于自己的树，他们负责照料它，为它浇水、施肥、除草，付出心血。在这个过程中，孩子们不再是被父母关照的对象，而是真正的劳动者。他们学会了如何照顾小树，深刻认识到童年劳动的快乐，明白了劳动不仅是为了得到回报，更是一种责任和义务。

为了让孩子们思想上更成熟，让义务感成为集体生活的核心精神，我们得关注孩子们，培养他们对物质财富的责任感。多年来，我们学校始终保持着少先队小型机械化小组的常规活动。与此同时，共青团员们还组建了青年机械手工作组，这个团队承担着管理更多物质资源的责任。

想象这样一个场景：一位十五岁的少年漫步在广袤的田野间，目光所及之处都是他亲手播种的小麦。从耕地松土、施肥养护，到守护庄稼免受土狼侵害，每一个环节都凝结着他的汗水。此刻，他的内心涌动着强烈的自豪感："这一切成就都源于我的劳动。"当一个人能够清晰地在自己创造的劳动成果中看到自身价值时，义务感就会在他的内心和意识中扎根更深。这样的体验会促使他以更严格的标准要求自己，心里会有个声音跟他说："这是我应该做的。"

人在劳动的时候，一边创造物质财富和精神财富，一边也在塑造自己。我们希望孩子们都能成为真正的人，那就别再想着怎么让他们过那种轻松、无忧无虑的童年生活了。少年时代和青年早期的生活里，如果缺乏劳动锻炼，缺少体力与精神上的适度压力，这样的成长环境是不健康的。

劳动本质上要求人们付出体力和精神的投入，缺少这种必要的紧张感，就不可能培养出真正热爱劳动的人。在教育领域，任何将共产主义误解为安逸享乐、无忧无虑生活的观点都是极其错误的，这种幼稚的想法是有害的。人类从被迫劳动的束缚中解放出来，绝不是为了沦为懒惰生活的奴仆。

当前，我国正在推进一项前所未有的伟大事业：确保几乎所有十七岁以下的青少年都能接受学校教育。然而，如果在思想教育和劳动教育方面出现任何松懈或不足，学生都可能会沦为单纯消费物质和精神产品的被动接受者。这种趋势是我们必须警惕的。思想教育和劳动教育具有复杂性和多维度特性，其重要性不言而喻。当我们看到一个九岁男孩满怀激动地佩戴上少先队红领巾时，我们看到的不仅是当下的孩子，更是未来的公民。将劳动精神与义务意识紧密结合的教育方式，其意义深远且重大。

致一位年轻父亲的信

劳动的力量：让孩子在付出中收获成长

在我的邮箱里，静静躺着一封来自年轻父亲的信。

"有个问题一直困扰着我，希望能得到您的指点。"一个叫安德烈·亚历山大洛维奇的国营农场工人在信中这样写道，"我有两个儿子，一个六岁，一个五岁。我和妻子在畜牧场工作，我们每天辛勤工作，就是为了让孩子们过上幸福的生活。但最近我开始怀疑：他们真的幸福吗？每天早上我都会送他们去幼儿园……我也不知道为什么要送他们去，其实他们完全可以自己去的。这个幼儿园办得不错。有一天早晨，大儿子奥列格突然耍起脾气来了：他不喜欢妈妈给他缝制的短上衣。走在路上时，他偷偷把衣服脱下，扔进了灌木丛。晚上别人给捡了回来。还有一次是小儿子弗拉基米尔，他不知道为什么执意不肯脱鞋，穿着沾满泥土的靴子直接走进房间。薇拉阿姨给他提了意见，而他竟回应道：'你去把泥擦擦吧……干这种活儿你是可以得到钱的……'两个孩子对劳动如此冷漠，这让我既吃惊又忧虑。"

这位尊敬的父亲，您在信中提出的困惑确实令人深思。在我们的生活中，如何教育正在成长的下一代，无疑是一个极为复杂、困难、迫切且无法回避的问题。

在帕夫雷什中学，我们设立了一所家长学校，由教师们精心组织和创办。众多父母都积极参与其中。我们所做的工作，可以称为"对童年的深入探究"。不妨把我们的生活比作一棵开满鲜花的树，那么，我们的父母们就需要共同去研究这些花朵：我们对这满树的鲜花有着怎样的期待？它们又将结出怎样的果实呢？在家长学校开设的二十堂课中，孩子的幸福问题始终被放在最重要的位置。

我们观察到，在许多家庭中，孩子的愿望往往成了一种驱动力。父母们竭尽全力，只为让孩子避开生活中的风雨和苦难，免受情感上的冲击。然而，这可能恰恰是一种最大的不幸。令我感到惊讶的是，有不少七岁的孩子，竟然对生活中存在的不幸毫无认知。

　　一个六岁女孩和一位老奶奶关系亲密。老奶奶是我邻居的母亲。女孩常去看望老奶奶，给她带去苹果和核桃，而老奶奶则会给她讲童话故事（可惜如今许多家庭中，奶奶讲童话让孩子着迷的场景已经很难见到了）。

　　然而，有一天，老奶奶预感自己时日无多。女孩的母亲便让她去邻村亲戚家暂住，一住就是一个月。为何如此？只为保护她那颗稚嫩的心，免受亲人离世的惊吓。女孩一回家，就直奔邻居家。"妈妈，奶奶呢？您必须告诉我，达里娅奶奶去哪儿了？"母亲答道："奶奶走了，等你长大就会明白……"瞧，有些父母为保护孩子免受强烈情感冲击，竟做到这种程度。

我必须直言，在某些家庭中，孩子对世界的认知和探索往往被自己的愿望所主导，而这些愿望却逐渐演变成任性。结果，孩子们不仅错失了真正的快乐，还陷入了过度追求个人幸福的不幸境地。如果父母仅仅用现成的福利去满足孩子，孩子就会逐渐失去正确认识世界的能力，进而失去真正的人的幸福。要知道，幸福是无法像遗产一样传递和继承的。那些试图像传递姓氏一样把幸福传递给孩子的家庭，最终只会培养出懒惰和自私的孩子，他们可能会像寄生虫一样，榨干父母的心血。

教育者——无论是父亲、母亲还是教师，他们真正的智慧在于懂得如何给予孩子幸福。童年的幸福，宛如那炉灶中温暖而平和的火焰。然而，若不加以妥善引导，这火焰也可能变成火灾。亲爱的父母们，掌控这火焰的关键在于你们，你们要成为炉灶的司炉。我必须负责任地指出，许多社会问题，如酗酒、流氓行为甚至犯罪，往往都起源于那些看似微不足道的小毛病。

当孩子第一次睁开眼睛看这个世界，第一次意识到自己的存在时，他们就会产生对事物的需求。这种需求是人类生活的动力源泉，正是它催生了各种各样的愿望。但教育的本质，就是将个人的愿望与集体、社会、人民乃至祖国的利益相协调。从孩子懂事开始，就要引导他们树立文明的愿望。让孩子学会正确地表达和追求自己的愿望，这是家庭和学校教育的重要任务。我们努力让家长学校中的父母们坚信，给予孩子幸福，首先要让他们的愿望合理、符合道德，从社会角度看，他们的愿望要是朴实、可实现的。那么，如何将这种文明的愿望融入家庭生活呢？怎样才能让孩子摒弃"我想要什么，就去做什么"的自私观念呢？

答案就是劳动。劳动本身就是一种强大的教育力量。遗憾的是，好逸恶劳的风气已经悄然侵蚀着传统上最重视劳动的农村地区。有一对夫妻，是国营农场的劳动能手，育有一儿一女，男孩在读五年级，女孩读六年级。一次，女老师问女孩："你和弟弟在家擦过地吗？"女孩回答："没有……我们家地上铺着地毯，不用擦。"这些天真的孩子完全不知道，当他们还在睡梦中或上学时，母亲默默地完成了所有的清洁工作。

亲爱的安德烈·亚历山大洛维奇，我们不妨思考一下，在一个倡导"不劳动者不得食"的社会中，这种行为是否能够被接受呢？社会在劳动、纪律、义务和行为规范等方面，对每一位公民都提出了明确而严格的要求。遵守这些要求，实际上是在为个人的成长和发展提供保障。一株无人照料的树苗，若在成长的关键期得不到适当修剪和引导，终将枝桠横生、难成栋梁。同样，若孩子在童年时期缺乏良好的学习习惯和愿望培养，他的人生也将失去明确的方向。长大后，再让他去学习，就会变得异常困难。如果一个人在童年没有学会控制自己的欲望，没有明白自己的愿望必须符合道德和社会的要求，那么他就会与社会处处格格不入，最终成为一个对社会没有贡献的人。如果一个人在童年时期只是一味地追求个人的幸福，那么他就会失去学习的动力。而更糟糕的是，他可能会变得不愿意从事任何劳动，这就像是一个恶性循环，无法打破。

幸福并不是可以捕捉到的神奇之物。真正的幸福，应该是通过自己的努力去创造的坚实大厦。我所提倡的儿童劳动，是一个全面而广泛的概念，它需要付出体力、精神、意志和道德的力量。人正是在这一过程中，表现自己、确立自己的意向，并决定自己在善与恶的斗争中的立场。

特别重要的是，孩子小时候的劳动应当是人性化的，让他们以一种积极向上的精神去为他人、为社会、为国家创造福利。同时，要让劳动成为一种自然而然的习惯，融入到他们的生活中。

生活无数次地向我证明，只有那些从上学开始就积极参与劳动的人，才能真正体会到幸福的滋味。劳动不是一种游戏，而是一种实实在在的生活体验。它伴随着辛苦和劳累，也会让人磨出茧子，但最终能带来实现目标后的快乐。这些经历就像是一个人的良知守护者。如果没有这个守护者，那种看似舒适和惬意的幸福就会变成一场灾难。

多年来，我始终坚信知识与劳动相结合的教育理念，这也是我们教育工作者长期关注的重要主题之一。通过观察成百上千人的成长轨迹，我发现那些最幸福的人——不仅在社会评价中，更在个人的精神世界里——都是从童年就开始参与劳动的人。

在我们村庄里，有一个令人羡慕的家庭。父亲彼得·格里戈里耶维奇是一位牧羊人，母亲安娜·彼得罗夫娜是农艺师。他们的三个孩子都在上学：十四岁的安娜读七年级，十二岁的帕夫洛读五年级，九岁的奥莉佳读二年级。这个家庭的孩子不仅学习成绩优异，而且在劳动方面也表现出色。有一次，女教师在班级记事簿上给安娜打了一个四分。课间休息时，安娜走到女教师面前，诚恳地说："老师，我恳请您，不要在记分本上给我打四分。我会更加努力，争取得到五分。我家正遭遇着巨大的不幸，集体农庄里的甜菜被淤泥无情掩埋，妈妈为此愁眉不展。在这个时候，我怎么能给她带去一个四分呢？"

在一次家长学校的课堂上，一些父母纷纷向彼得·格里戈里耶维奇请教："您能讲讲您是如何培养孩子的吗？您是如何做到让孩子们如此自觉，生怕给您和他们的母亲脸上抹黑的？"彼得·格里戈里耶维奇犹豫了一下，然后回答说："我们经常和孩子们一起劳动，这大概就是我们的全部教育。因为他们在劳动中实现了自我教育。我和妻子一直认为：劳动是一个最用心、最忠实的保姆，也是最谨慎、最严格的老师。"

这位父亲的回答展现了劳动人民的教育智慧。亲爱的父母们，请不要害怕让孩子劳动，不要把他们当作需要过度保护的温室花朵。当您看到孩子提着小水桶，一趟又一趟，三桶、四桶地穿梭在花丛与葡萄架间，为花朵和葡萄浇水，看到他因劳动而流汗疲惫时，请不要惊慌。这种劳动对孩子来说，是一种真正的快乐，是世界上任何其他快乐都无法比拟的。在劳动中，孩子不仅了解了周围的世界，更深刻地认识了自己。童年时代的自我教育，正是从认识自我开始的，而这种认识，也成了孩子成长过程中最珍贵的欢乐。一个五岁的小男孩亲手栽培了一丛玫瑰，当他看到自己亲手种下的美丽花朵时，他的眼中充满了惊奇："这真的是我种出来的吗？"那一刻，孩子在劳动中感受到了无与伦比的幸福，也真正认识了自己。他成了母亲和父亲在教育道路上的朋友、志同道合者和得力助手。这正是那位父亲所说的"他们是自己在教育自己"的生动诠释，也是劳动教育的真谛所在。

六岁到八岁的孩子，母亲可以带他们到田间劳动。孩子会本能地模仿母亲的动作。在劳动中，他们会发现多少新奇的事物啊！朝霞的绚丽、草地上的薄雾、林中的鸟鸣、田野里突然蹿出的野兔和狐狸、云雀在蓝天歌唱、阳光下广阔的田野、峡谷中涌出的清泉——这些都将成为孩子终生难忘的珍贵记忆。傍晚时分，晒黑了的、疲惫的孩子带着满满的收获回家。他小心翼翼地搬下车上的袋子，里面装着植物的标本、土壤和肥料样品以及夹在书页间的野花。这不是游戏，而是真正的劳动，是童年最纯粹的快乐。

　　八岁到十岁大的孩子，甚至十一岁的孩子，在暑假期间可以整天跟着父亲劳动。

　　彼得·格里戈里耶维奇和安娜·彼得罗夫娜的孩子们已经成为果园和葡萄园的小主人了。父母只在必要时给予指导，大部分时间让他们独立管理。

　　果园里有一块特别的区域，种植着葡萄幼苗，由学校同学共同照管，这个果园被称为"大家的果园"。当苹果、梨子和葡萄成熟时，果实属于二十多位同学。孩子们还会在果园里看书、排演童话剧，当然，也会尽情享受那甜甜的果子。

　　每当夏日来临，有几个星期的时间，彼得·格里戈里耶维奇和安娜·彼得罗夫娜的孩子们还会去养蚕。养蚕不仅让他们体验到了劳动的艰辛与乐趣，还能为自己挣上一些钱。他们用挣来的钱购买衣物、课本和参考书。如今，他们渐渐长大，挣的钱也越来越多，甚至可以去大城市旅游了。

彼得·格里戈里耶维奇的孩子们曾前往莫斯科、列宁格勒、基辅等大城市旅行。然而，这些远行和迷人的旅游经历，并没有削弱他们在节假日投身田间劳作时所感受到的快乐与活力。

　　亲爱的父母们、老师们，让我们为孩子们打开劳动世界的大门，从他们第一次踏上田野，第一次迎接清晨的朝霞，第一次聆听云雀那清脆嘹亮的歌声时起，开启他们的精神生活之旅吧。

　　我收到了许多家长的来信，信中反复提到一个令人感到困惑和焦虑的问题："为什么我的孩子不尊重我呢？我是他的父亲（母亲）啊！"

　　尊重源于父母与孩子之间共同拥有的精神生活。尊重不仅是子女对父母职业的了解。

　　在现实生活中，我们常常看到这样一种现象：有些孩子明明知道自己的母亲为他们付出了无数的心血和精力，却仍然对母亲漠不关心，甚至表现出冷漠和无情。尊重父母，实际上是一种自我表达，是一种通过自己的行动为他人创造幸福的过程。孩子们对父母的爱，应该体现在为亲人带来幸福的喜悦中。

我明白，我还会收到许多类似的来信，信中可能会这样写道："我生活在大城市里，每天忙于实验室或设计局的工作。难道为了让孩子接受真正的教育，我就必须把他们带在身边，让他们和我一起去劳动吗？"当然不是这样的。我们并不是要求每个家长都带着孩子去劳动，而是希望家长们能够让孩子看到并真正感受到那些为社会奉献自己精神力量的人们。

劳动教育并非一定要在田间地头才能开展。就在不久前，我在省城里碰见这样一件事：六年级学生阿廖沙的母亲，和城市里的其他家长一样，因找不到适合孩子参与的劳动活动而苦恼。而就在他们居住的同一栋楼里，一位视力障碍老人长期渴望有人能够为他朗读报刊——这个近在咫尺的服务需求，却被孩子们忽视了。如果连身边真切的助人机会都视而不见，又如何指望他们学会感恩父母？

事实上，劳动的价值正在于它能联结人与人之间的关系，这种联结本身就是幸福的源泉。童年时期通过劳动培养的责任意识与人生态度，恰恰是未来公民素养最重要的基石。

通过劳动，孩子会认识到一个重要的生活真理：劳动是艰苦的。在任何情况下，劳动都不能沦为轻松的游戏。学校、家庭和社会有一个共同的重要使命：引导孩子成为具有坚定共产主义信念、崇高理想、热情智慧的人，让他们学会按照伟大公民的生活方式生活。

现在，我们的谈话即将画上句号。我们本应谈论幸福的问题，但实际上却围绕对待劳动的问题展开了深入的探讨。因为，只有真正理解了劳动的意义，才能谈得上教育和世代相传的逻辑问题。如果您也能给孩子们这样的幸福，让他们在劳动中成长，在劳动中学习，在劳动中认识自我，在劳动中学会尊重与爱，那么，他们就会成为真正的人。